utb 3563

Eine Arbeitsgemeinschaft der Verlage

W. Bertelsmann Verlag · Bielefeld
Böhlau Verlag · Wien · Köln · Weimar
Verlag Barbara Budrich · Opladen · Toronto
facultas · Wien
Wilhelm Fink · Paderborn
A. Francke Verlag · Tübingen
Haupt Verlag · Bern
Verlag Julius Klinkhardt · Bad Heilbrunn
Mohr Siebeck · Tübingen
Ernst Reinhardt Verlag · München
Ferdinand Schöningh · Paderborn
Eugen Ulmer Verlag · Stuttgart
UVK Verlagsgesellschaft · Konstanz, mit UVK/Lucius · München
Vandenhoeck & Ruprecht · Göttingen · Bristol
Waxmann · Münster · New York

Matthias Flatscher, Gerald Posselt, Anja Weiberg

Wissenschaftliches Arbeiten im Philosophiestudium

2. Auflage

facultas

Matthias Flatscher ist Universitätsassistent am Institut für Politikwissenschaft der Universität Wien.

Gerald Posselt ist Senior Lecturer am Institut für Philosophie der
Universität Wien.

Anja Weiberg ist Assistenzprofessorin am Institut für Philosophie
der Universität Wien.

Bibliografische Information der Deutschen Nationalbibliothek
Die Deutsche Nationalbibliothek verzeichnet diese Publikation
in der Deutschen Nationalbibliografie;
detaillierte bibliografische Daten sind im Internet über
http://d-nb.de abrufbar.

2., aktualisierte Auflage 2018
© 2011 Facultas Verlags- und Buchhandels AG, Wien
facultas Verlag, Stolberggasse 26, 1050 Wien, Österreich
Alle Rechte vorbehalten.

Umschlag: Atelier Reichert, Stuttgart
Gestaltung und Satz: grafzyx.com, Wien
Druck und Bindung: Friedrich Pustet, Regensburg
Printed in Germany

ISBN 978-3-8252-5007-2
Elektronische Ausgabe (Online Leserecht) ist erhältlich unter
www.utb-shop.de.

Inhalt

3 Zum richtigen Umgang mit Literatur

4 Aufbau wissenschaftlicher Arbeiten

Hinweise zum Gebrauch des Buches

Die Basis aller geistes-, sozial- und kulturwissenschaftlichen Studien ist der Erwerb der Grundtechniken wissenschaftlichen Arbeitens. Doch was heißt überhaupt „wissenschaftliches Arbeiten"? Wodurch zeichnet sich ein wissenschaftlicher Text aus und was sind die spezifischen Anforderungen im Fach Philosophie? Warum sollte man sich diese wissenschaftlichen Regeln gerade am Anfang des Studiums aneignen?

Auf den ersten Blick erscheinen die wissenschaftlichen Standards als rigide Vorgaben der Scientific Community. Die Kriterien wissenschaftlichen Arbeitens werden daher von vielen Studierenden zu Beginn ihres Studiums als eher lästig und mühsam empfunden, ja vielleicht sogar als eine Art Zwangsjacke, die das eigene Denken und Schreiben einengt und hemmt. Abgesehen von den Vorgaben des akademischen Betriebs stellt sich folglich die Frage, worin der persönliche Vorteil und Nutzen einer selbstverständlichen Handhabe des wissenschaftlichen Arbeitens besteht.

Das wissenschaftliche Arbeiten beschränkt sich nicht darauf, standardisierte Techniken des Zitierens und überprüfbarer Quellenangaben anzuwenden, um auf diese Weise eine seriöse Auseinandersetzung mit anderem Gedankengut zu belegen, sondern es soll helfen, möglichst bald zu den relevanten Informationen zu gelangen. Gerade im Philosophiestudium tauchen zumeist bei der ersten Lektüre von Texten viele Schwierigkeiten auf, was z. B. ein bestimmter Begriff bedeutet und wie er von den einzelnen PhilosophInnen verwendet wird. Darüber hinaus ist es für das Verstehen philosophischer Texte von besonderer Relevanz, die historischen oder systematischen Zusammenhänge und Hintergründe zu kennen, die den Texten zugrunde liegen. Daher ist es notwendig, zu wissen, welche Einführungen, Nachschlagewerke oder Datenbanken man konsultieren kann; ebenso wichtig ist das Know-how, wie man mit diesen Informationen umgehen soll, um eine erfolgreiche Hausarbeit zu verfassen oder ein gelingendes Referat zu halten.

Beherrscht man erst einmal diese Arbeitsweise, ohne dass man noch über jeden einzelnen Schritt extra nachdenken muss, so erspart dies in der Zukunft eine Menge an Zeit. Darüber hinaus steigt die Qualität wissenschaftlicher Arbeiten, denn sobald die formalen Anforderungen erfüllt sind und man weiß, wie man bestimmte Wissenslücken schließen kann, können die eigenen inhaltlichen Überlegungen angemessen präsentiert und zur Diskussion gestellt werden.

Der vorliegende Band wendet sich daher an Studierende der Philosophie, die nach einer kompakten Einführung in die grundlegenden Techniken, Verfahren und Hilfsmittel des wissenschaftlichen Arbeitens suchen. Obgleich bereits zahlreiche Einführungen in das wissenschaftliche Arbeiten erhältlich sind, so fehlt doch bis heute ein entsprechender Text, der dies unter besonderer Berücksichtigung des Philosophiestudiums tut. Ziel des Bandes ist es daher nicht nur, eine prägnante Einführung in die Grundtechniken wissenschaftlichen Arbeitens zu geben, sondern darüber hinaus einen Überblick über die zentralen Hilfsmittel – von Handbüchern und Lexika über Literaturdatenbanken bis hin zu Hauptwerken der Philosophie einschließlich ihrer gängigen Werkausgaben und deren Zitierweise – bereitzustellen.

Zum Aufbau des Bandes

Fragt man nach dem Hauptgegenstand der Philosophie, so ist die Antwort gleichermaßen banal wie überraschend: Die Philosophie hat es (so wie die meisten Geistes- und Kulturwissenschaften) in erster Linie mit Texten zu tun. Ein philosophischer Text ist stets eine Antwort auf andere philosophische Texte sowie deren Fragestellungen und Überlegungen. Philosophie ereignet sich nicht im geschichtslosen Raum, sondern ist eine Antwort auf vorhergehende Positionen und Argumentationen; sie nimmt diese auf, prüft sie, verwirft sie oder entwickelt sie weiter. Folglich schreibt sich jeder philosophische Text nicht nur in die Tradition ein, sondern er schreibt diese auch fort. In diesem Sinne hat es die Philosophie mit *Texten* zu tun, d. h. erstens mit dem *Lesen*, dem *Verstehen* und dem *Interpretieren von Texten*, zweitens mit dem *Verfassen von eigenen Texten* und drittens mit dem *Vortrag* und der *Diskussion von Texten*.

Dieser Unterteilung folgt auch grob unser Band. Das 2. Kapitel „Auf dem Weg zur schriftlichen Arbeit" beschreibt die zentralen vorbereitenden Arbeitsschritte auf dem Weg zu beispielsweise einer Seminararbeit. Dazu gehört neben der Literatursuche und -verwaltung (u. a. mittels entsprechender Software) vor allem das effektive Lesen philosophischer Texte. Hier geht es in der Regel darum, schwierige und komplexe Texte überhaupt erst einmal zu verstehen, die zentralen Begriffe, Thesen, Argumente und impliziten Voraussetzungen herauszuarbeiten und kritisch zu bewerten. Dazu gehört auch, dass wir lernen wiederzugeben, was wir lesen, und dieses in eigene Worte zu fassen. Das 3. Kapitel „Zum richtigen Umgang mit Literatur" und das 4. Kapitel „Aufbau wissenschaftlicher Arbeiten" stehen dann im Zeichen des Schreibens von Texten. Das 5. Kapitel „Referat und Vortrag" schließlich vollzieht den Schritt vom geschriebenen Text zur mündlichen Präsentation und Diskussion. Hier geht es darum, zu lernen, komplexe Inhalte und Themen so vorzutragen, dass sie auch tatsächlich ihr Publikum erreichen und einen gemeinsamen Gedankenaustausch ermöglichen.

Gerahmt wird der Band von zwei Kapiteln, die vor allem philosophie-spezifische Informationen enthalten. Das 1. Kapitel „Literatur für das Philosophiestudium" bietet eine systematische Auflistung der relevanten Hilfsmittel. Dazu gehören nicht nur allgemeine und spezifische Einführungen in die Philosophie historischer und systematischer Art, sondern auch einschlägige Handbücher und Lexika sowie philosophische Zeitschriften, Bibliographien und die immer wichtiger werdenden Onlineliteraturdatenbanken. Das 6. Kapitel „Philosophische Strömungen und Werke" bietet einen Überblick über die wichtigsten Disziplinen und Strömungen sowie Hauptwerke der Philosophie einschließlich der gängigen Werkausgaben, Siglenverzeichnisse und Zitierweisen.

Damit ist der Band nicht nur als eine klassische Einführung konzipiert, sondern auch als ein übersichtliches Nachschlage- und Referenzwerk für das wissenschaftliche Arbeiten. Er wendet sich an Studierende im BA-Studiengang, aber auch an fortgeschrittene Studierende, die im Zuge ihrer Abschlussarbeit eine übersichtliche Darstellung zum Aufbau wissenschaftlicher Arbeiten benötigen. Aufgrund seines kompakten Aufbaus eignet sich der Band darüber hinaus für Studierende der sozial- und kulturwissenschaftlichen Nachbardisziplinen, die sich etwa für einen ersten Zugang zu philosophischer Literatur interessieren oder aber eine zuverlässige Anleitung für die Recherche und Zitation philosophischer Literatur benötigen.

Der Band *Wissenschaftliches Arbeiten im Philosophiestudium* ist hervorgegangen aus zahlreichen Lehrveranstaltungen am Institut für Philosophie der Universität Wien. Unser besonderer Dank gilt daher allen Studierenden und KollegInnen, die mit ihren konstruktiven Fragen, Kritikpunkten und Anregungen zur sukzessiven Verbesserung der Lehrunterlagen beigetragen haben. Namentlich erwähnt werden sollen: Max Brinnich, Peter Gaitsch, Tobias Keiling, Philipp Schaller, Philipp Schmidt, Sergej Seitz, Mario Spassov, Gerhard Thonhauser und Peter Zeillinger.

Daneben gilt unser herzlichster Dank Sabine Kruse von facultas.wuv und Verena Hauser für die gute Zusammenarbeit und Unterstützung des Projekts.

1 Literatur für das Philosophiestudium

Zur *philosophischen Bücherkunde* gehören die für das Studium der Philosophie grundlegenden Hilfsmittel, die historische und systematische Zusammenhänge erläutern, Begriffe erklären sowie auf weiterführende Literatur verweisen. Dazu zählen:

1. Allgemeine Einführungen in die Philosophie

2. Philosophiegeschichten

3. Systematische und thematische Darstellungen

4. Nachschlagewerke (Lexika, Enzyklopädien, Wörter- und Handbücher)

5. Zeitschriften

6. Bibliographien

Im Folgenden wird eine Auswahl wichtiger Publikationen angeführt.

1.1 Einführungen in die Philosophie

Es gibt keinen „Königsweg" in die Philosophie. Zwar empfiehlt es sich, sich möglichst bald mit den klassischen Werken der Philosophie auseinanderzusetzen, diese sind aber häufig alles andere als leicht zu lesen und setzen bereits gewisse Kenntnisse voraus. Um diesen mitunter mühsamen Einstieg in die Philosophie zu erleichtern, gibt es unterschiedlichste Einführungen mit jeweils eigenen Schwerpunktsetzungen. Im Folgenden unterscheiden wir zwischen „ersten Orientierungen", „personen- und themenbezogenen Überblicksdarstellungen" und „Werkinterpretationen".

1.1.1 Erste Orientierungen

Erste Orientierungen im weiten Feld der Philosophie geben diverse Einführungen. Im Folgenden sind einige davon aufgelistet, die das breite Spektrum philosophischer Zugänge widerspiegeln sollen.

Anzenbacher, Arno: *Einführung in die Philosophie*. 7. Aufl. Freiburg: Herder 2015.

Beckermann, Ansgar; Perler, Dominik (Hg.): *Klassiker der Philosophie heute*. 2., durchges. u. erw. Aufl. Stuttgart: Reclam 2010.

Ferber, Rafael: *Philosophische Grundbegriffe. Eine Einführung*. 2 Bde. 8. Aufl. München: Beck 2009.

Höffe, Otfried (Hg.): *Klassiker der Philosophie*. 2 Bde. München: Beck 2008.

Kunzmann, Peter; Burkhard, Franz-Peter: *dtv-Atlas zur Philosophie*. Mit 115 Farbseiten v. Axel Weiß. München: dtv 2013.

Liessmann, Konrad Paul: *Die großen Philosophen und ihre Probleme*. 4. Aufl. Wien: facultas.wuv 2003 (= UTB 2247).

Mall, Ram Adhar: *Philosophie im Vergleich der Kulturen. Interkulturelle Philosophie – eine neue Orientierung*. Darmstadt: Wissenschaftliche Buchgesellschaft 1995.

Pfister, Jonas: *Philosophie. Ein Lehrbuch*. 2., erw. Aufl. Stuttgart: Reclam 2011.

Salamun, Kurt (Hg.): *Was ist Philosophie? Neuere Texte zu ihrem Selbstverständnis*. 5., erw. Aufl. Tübingen: Mohr Siebeck 2009 (= UTB 1000).

Zorn, Daniel-Pascal: *Einführung in die Philosophie*. Frankfurt am Main: Klostermann 2017.

1.1.2 Personen- und themenbezogene Überblicksdarstellungen

Viele Verlage bieten kurze Einführungen zu einzelnen PhilosophInnen sowie zu philosophischen Themengebieten (Erkenntnistheorie, Politische Philosophie, Sprachphilosophie usw.) an. Dabei unterscheiden sich die einzelnen Einführungen zum Teil durchaus im Hinblick auf Umfang und Qualität. Diverse Verlage haben sich auf personenspezifische und/oder thematisch ausgerichtete Einführungen im Bereich der Philosophie spezialisiert. Auf den Internetseiten der einzelnen Verlage können Sie sich in der Regel einen guten Überblick verschaffen und mitunter das Inhaltsverzeichnis einsehen sowie Leseproben erhalten.

Tipp: Fragen Sie die jeweiligen DozentInnen sowie erfahrene Studierende nach geeigneten Einführungen.

- Reihe *Denker*. München: Beck (personenorientierte Einführungen)
  z. B. Höffe, Otfried: *Kant*. 7., erw. Aufl. München: Beck 2007.
- Reihe *Profile*. Stuttgart u. a.: UTB (personenorientierte und thematische Einführungen)
  z. B. Zahavi, Dan: *Husserls Phänomenologie*. Übers. v. Bernhard Obsieger. Tübingen: Mohr Siebeck 2009 (= UTB 3239).

Grondin, Jean: *Hermeneutik.* Göttingen: Vandenhoeck & Ruprecht 2009 (= UTB 3202).

- Reihe *Einführungen* bzw. *Studium.* Frankfurt am Main: Campus (personenorientierte und thematische Einführungen)

    z. B. Villa, Paula-Irene: *Judith Butler.* 2., akt. Aufl. Frankfurt am Main: Campus 2011.

    Lagaay, Alice; Lauer, David (Hg.): *Medientheorien. Eine philosophische Einführung.* Frankfurt am Main: Campus 2004.

- Reihe *Zur Einführung.* Hamburg: Junius (personenorientierte und thematische Einführungen)

    z. B. Rapp, Christof: *Aristoteles zur Einführung.* 5., vollst. überarb. Aufl. Hamburg: Junius 2016.

    Rosa, Hartmut; Gertenbach, Lars; Laux, Henning; Strecker, David: *Theorien der Gemeinschaft zur Einführung.* Hamburg: Junius 2010.

- Reihe *Monographien.* Reihe *Enzyklopädie.* Reinbek bei Hamburg: Rowohlt (personenorientierte und thematische Einführungen)

    z. B. Geier, Manfred: *Martin Heidegger.* Reinbek bei Hamburg: Rowohlt 2005 (= rowohlts monographien 50665).

    Wulf, Christoph: *Anthropologie. Geschichte – Kultur – Philosophie.* Reinbek bei Hamburg: Rowohlt 2004 (= rowohlts enzyklopädie 55664).

- Reihe *Sammlung Metzler.* Stuttgart/Weimar: Metzler (personenorientierte und thematische Einführungen)

    z. B. Kögler, Hans-Herbert: *Michel Foucault.* 2., erw. Aufl. Stuttgart/Weimar: Metzler 2004 (= Sammlung Metzler 281).

    Münker, Stefan; Roesler, Alexander: *Poststrukturalismus.* Stuttgart/Weimar: Metzler 2004 (= Sammlung Metzler 322).

- Reihe *Grundwissen Philosophie.* Leipzig: Reclam (personenorientierte und thematische Einführungen)

    z. B. Gelhard, Andreas: *Levinas.* Leipzig: Reclam 2005.

    Sturma, Dieter: *Philosophie des Geistes.* Leipzig: Reclam 2005.

- Reihe *Einführung Philosophie.* Darmstadt: Wissenschaftliche Buchgesellschaft (thematische Einführungen)

    z. B. Horn, Christoph: *Einführung in die Politische Philosophie.* 3. Aufl. Darmstadt: Wissenschaftliche Buchgesellschaft 2012.

- Reihe *Routledge Critical Thinkers.* London/New York: Routledge (personenorientierte Einführungen)

    z. B. Murray, Alex: *Giorgio Agamben.* London/New York: Routledge 2010.

- Reihe *Oxford Very Short Introductions*. Oxford: Oxford University Press (personenorientierte und thematische Einführungen)

  z. B. Clapham, Andrew: *Human Rights. A Very Short Introduction*. Oxford: Oxford University Press 2007.

  Grayling, Anthony C.: *Wittgenstein. A Very Short Introduction*. Oxford: Oxford University Press 2001.

Umfangreiche personenbezogene und/oder thematische Darstellungen, die den aktuellen Forschungsstand widerspiegeln, gibt es in englischsprachigen Reihen:

- Reihe *Blackwell Companions to Philosophy*. Oxford u. a.: Blackwell (personenorientierte und thematische Kompendien)

  z. B. Gill, Marie Louise; Pellegrin, Pierre (Hg.): *A Companion to Ancient Philosophy*. Oxford u. a.: Blackwell 2006.

  Radcliffe, Elizabeth S. (Hg.): *A Companion to Hume*. Oxford u. a.: Blackwell 2008.

- Reihe *Routledge Philosophy Companions*. London/New York: Routledge (thematische Kompendien)

  z. B. Livingston, Paisley; Plantinga, Carl (Hg.): *The Routledge Companion to Philosophy and Film*. London/New York: Routledge 2009.

- Reihe *Cambridge Companions to Philosophy*. Cambridge: Cambridge University Press (personenorientierte und thematische Kompendien)

  z. B. Morrison, Donald R. (Hg.): *The Cambridge Companion to Socrates*. Cambridge: Cambridge University Press 2011.

  Ameriks, Karl (Hg.): *The Cambridge Companion to German Idealism*. 2. Aufl. Cambridge: Cambridge University Press 2005.

- Reihe *Routledge Critical Assessments of Leading Philosophers*. London/New York: Routledge (personenorientierte Kompendien)

  z. B. Katz, Claire Elise; Trout, Lara (Hg.): *Emmanuel Levinas. Critical Assessments of Leading Philosophers*. 4 Bde. London/New York: Routledge 2005.

1.1.3 Werkinterpretationen

Neben den thematischen und personenspezifischen Überblicksdarstellungen gibt es auch Werkinterpretationen, die zentrale Texte der Philosophie kommentieren und auslegen.

- Reihe *Klassiker auslegen*. Berlin: de Gruyter (vormals Akademie) (kooperative Werkkommentare)

  z. B. Honneth, Axel; Menke, Christoph (Hg.): *Theodor W. Adorno. Negative Dialektik*. Berlin: Akademie 2006 (= Klassiker auslegen Bd. 28).

- Reihe *Interpretationen* von Hauptwerken der Philosophie. Stuttgart: Reclam (thematisch und historisch)

  z. B. Gamm, Gerhard; Hetzel, Andreas; Lilienthal, Markus (Hg.): *Interpretationen. Hauptwerke der Sozialphilosophie.* Stuttgart: Reclam 2001.

  Flasch, Kurt (Hg.): *Interpretationen. Hauptwerke der Philosophie: Mittelalter.* Stuttgart: Reclam 1998.

- Reihe *Werkinterpretationen.* Darmstadt: Wissenschaftliche Buchgesellschaft

  z. B. Müller, Peter: *Ernst Cassirers „Philosophie der symbolischen Formen".* Darmstadt: Wissenschaftliche Buchgesellschaft 2009.

- Reihe *Routledge Philosophy Guidebooks.* London/New York: Routledge

  z. B. Bertram, Christopher: *Routledge philosophy guidebook to Rousseau and „The social contract".* London/New York: Routledge 2004.

Auch außerhalb der hier angeführten Reihen erscheinen in philosophischen Fachverlagen Werkinterpretationen.

  z. B. Vieweg, Klaus; Welsch, Wolfgang (Hg.): *Hegels Phänomenologie des Geistes. Ein kooperativer Kommentar zu einem Schlüsselwerk der Moderne.* Frankfurt am Main: Suhrkamp 2008.

  Weber, Franz Josef (Hg.): *Platons Apologie des Sokrates.* 8. Aufl. Paderborn: Schöningh 2006 (= UTB 0057).

  Espinet, David; Keiling, Tobias (Hg.): *Heideggers „Ursprung des Kunstwerks". Ein kooperativer Kommentar.* Frankfurt am Main: Klostermann 2011.

1.2 Philosophiegeschichten

Die kleineren, einbändigen Philosophiegeschichten erörtern – mitunter aus verschiedenen Perspektiven – historische Zusammenhänge und geben einen ersten Überblick. Die mehrbändigen Werke enthalten umfassende Forschungsleistungen und sind vornehmlich für intensivere Beschäftigungen vorgesehen.

1.2.1 Kleinere Philosophiegeschichten

Helferich, Christoph: *Geschichte der Philosophie. Von den Anfängen bis zur Gegenwart und Östliches Denken.* Mit einem Beitrag v. Peter C. Lang. 4., erw. Aufl. Stuttgart/Weimar: Metzler 2012.

Röd, Wolfgang: *Der Weg der Philosophie. Von den Anfängen bis ins 20. Jahrhundert.* 2 Bde. 2. Aufl. München: Beck 2008 f.

Ruffing, Reiner: *Einführung in die Geschichte der Philosophie.* 2. Aufl. München: Fink 2009 (= UTB 2622).

Störig, Hans Joachim: *Kleine Weltgeschichte der Philosophie.* 18. Aufl. Stuttgart: Kohlhammer 2016.

> **Tipp:** Insbesondere bei kürzeren Darstellungen kann die Auswahl und Gewichtung von Themen und Entwicklungen sehr unterschiedlich ausfallen. Es empfiehlt sich, mehrere Philosophiegeschichten zu konsultieren.

1.2.2 Mehrbändige Philosophiegeschichten

Grundriss der Geschichte der Philosophie. Begründet v. Friedrich Ueberweg. Hg. v. Helmut Holzhey. Völlig neubearb. Ausg. Basel: Schwabe 1983 ff. [erstmals erschienen 1866, dann wiederaufgelegt Berlin: Mittler 1924–1928; über 30 Bände geplant].

Die Philosophie der Antike

Bd. 1: *Frühgriechische Philosophie.* Hg. v. Hellmut Flashar, Dieter Bremer und Georg Rechenauer. 2013.

Bd. 2/1: *Sophistik. Sokrates. Sokratik. Mathematik. Medizin.* Hg. v. Hellmut Flashar. 1998.

Bd. 2/2: Erler, Michael: *Platon.* 2007.

Bd. 3: *Ältere Akademie. Aristoteles. Peripatos.* 2., erw. Aufl. Hg. v. Helmut Flashar. 2004.

Bd. 4/1–2: *Die hellenistische Philosophie.* Hg. v. Hellmut Flashar. 1994 [Neuauflage in Vorbereitung].

Bd. 5/1–3: *Die Philosophie der Kaiserzeit und der Spätantike.* Hg. v. Christoph Riedweg, Christoph Horn und Dietmar Wyrwa. 2018.

Die Philosophie des Mittelalters

Bd. 1/1–2: *Philosophie in Byzanz. Philosophie im Judentum.* Hg. v. Ruedi Imbach, Georgi Kapriev, Peter Schulthess und Yosef Schwartz. Im Erscheinen [voraussichtlicher Erscheinungstermin: 2020].

Bd. 2: Marenbon, John: *7.–11. Jahrhundert.* In Koordination mit Ruedi Imbach und Peter Schulthess. Im Erscheinen [voraussichtlicher Erscheinungstermin: 2021].

Bd. 3: *12. Jahrhundert.* Hg. v. Laurent Cesalli, Ruedi Imbach, Alain de Libera und Thomas Ricklin. 2018.

Bd. 4: *13. Jahrhundert*. Hg. v. Alexander Brungs, Vilem Mudroch und Peter Schulthess. 2017.

Bd. 5: *14. Jahrhundert*. [in Planung].

Die Philosophie des 15. und 16. Jahrhunderts [in Planung]

Die Philosophie des 17. Jahrhunderts.

Bd. 1/1–2: *Allgemeine Themen. Iberische Halbinsel. Italien*. Hg. v. Jean-Pierre Schobinger. 1998.

Bd. 2/1–2: *Frankreich und Niederlande*. Hg. v. Jean-Pierre Schobinger. 1993.

Bd. 3/1–2: *England*. Hg. v. Jean-Pierre Schobinger. 1988.

Bd. 4/1–2: *Das Heilige Römische Reich Deutscher Nation. Nord- und Ostmitteleuropa*. Hg. v. Helmut Holzhey und Wilhelm Schmidt-Biggemann. 2001.

Die Philosophie des 18. Jahrhunderts

Bd. 1/1–2: *Großbritannien. Nordamerika. Niederlande*. Hg. v. Helmut Holzey und Vilem Mudroch. 2004.

Bd. 2: *Frankreich*. Hg. v. Johannes Rohbeck und Helmut Holzey. 2008.

Bd. 3: *Italien*. Hg. v. Johannes Rohbeck und Wolfgang Rother. 2011.

Bd. 4: *Spanien, Portugal, Lateinamerika*. Hg. v. Johannes Rohbeck und Wolfgang Rother. 2016.

Bd. 5: *Heiliges Römisches Reich Deutscher Nation. Schweiz. Nord- und Osteuropa*. Hg. v. Helmut Holzey und Vilem Mudroch. 2014.

Die Philosophie des 19. Jahrhunderts

In Planung: 6 Bände [*Philosophie im deutschsprachigen Raum*; *Großbritannien und Amerika*; *Frankreich und Niederlande*; *Italien und Griechenland*; *Spanien, Portugal und Lateinamerika*; *Nord- und Osteuropa*].

Die Philosophie des 20. Jahrhunderts [in Planung]

Die Philosophie der islamischen Welt

Bd. 1: *8.–10. Jahrhundert*. Hg. v. Ulrich Rudolph. 2012.

Bd. 2: *11.–12. Jahrhundert*. Hg. v. Ulrich Rudolph und Renate Würsch. Im Erscheinen [voraussichtlicher Erscheinungstermin: 2019].

Bd. 3: *13.–18. Jahrhundert*. Hg. v. Ulrich Rudolph [in Bearbeitung].

Bd. 4: *19.–20. Jahrhundert*. Hg. v. Anke von Kügelgen und Ulrich Rudolph. Im Erscheinen [voraussichtlicher Erscheinungstermin: 2019].

Die Philosophie in Ostasien [in Planung]

Die Philosophie in Afrika [in Planung]

Röd, Wolfgang (Hg.): *Geschichte der Philosophie*. München: Beck 1978 ff.

Bd. 1. Röd, Wolfgang: *Die Philosophie der Antike 1: Von Thales bis Demokrit*. 3., überarb. u. akt. Aufl. 2009.

Bd. 2. Graeser, Andreas: *Die Philosophie der Antike 2: Sophistik und Sokratik*. 2., überarb. u. erw. Aufl. 1993.

Bd. 3. Hossenfelder, Malte: *Die Philosophie der Antike 3: Stoa, Epikureismus und Skepsis*. 2., akt. Aufl. 1995.

Bd. 4. Gombocz, Wolfgang L.: *Die Philosophie der ausgehenden Antike und des frühen Mittelalters*. 1997.

Bd. 5. Kobusch, Theo: *Die Philosophie des Hoch- und Spätmittelalters*. 2011.

Bd. 7. Röd, Wolfgang: *Die Philosophie der Neuzeit 1: Von Francis Bacon bis Spinoza*. 2., verb. u. erg. Aufl. 1999.

Bd. 8. Röd, Wolfgang: *Die Philosophie der Neuzeit 2: Von Newton bis Rousseau*. 1984.

Bd. 9/1. Röd, Wolfgang: *Die Philosophie der Neuzeit 3: Erster Teil. Kritische Philosophie von Kant bis Schopenhauer*. 2006.

Bd. 9/2. Jaeschke, Walter; Arndt, Andreas: *Die Philososophie der Neuzeit 3. Zweiter Teil. Klassische Deutsche Philosophie von Fichte bis Hegel*. 2007.

Bd. 10. Poggi, Stefano; Röd, Wolfgang: *Die Philosophie der Neuzeit 4: Positivismus, Sozialismus und Spiritualismus im 19. Jahrhundert*. 1989.

Bd. 11. Basile, Pierfrancesco; Röd, Wolfgang: *Die Philosophie des ausgehenden 19. und des 20. Jahrhunderts 1: Pragmatismus und Analytische Philosophie*. 2014.

Bd. 12. Holzhey, Helmut; Röd, Wolfgang: *Die Philosophie des ausgehenden 19. und des 20. Jahrhunderts 2: Neukantianismus, Idealismus, Realismus, Phänomenologie*. 2004.

Bd. 13. Thurnher, Rainer; Röd, Wolfgang; Schmidinger, Wolfgang: *Die Philosophie des ausgehenden 19. und des 20. Jahrhunderts 3: Lebens- und Existenzphilosophie*. 2002.

Bd. 14. Röd, Wolfgang; Essler, Wilhelm K.; Nida-Rümelin, Julian; Preyer, Gerhard: *Die Philosophie der neuesten Zeit: Hermeneutik, Frankfurter Schule, Strukturalismus, Analytische Philosophie.* Im Erscheinen.

Grundkurs Philosophie. Stuttgart: Kohlhammer 1982 ff. (Urban-Taschenbücher; Bde. 6–10). (Die Bde. 1–5 und 11–19 behandeln philosophische Strömungen und Disziplinen; s. Kap. 1.3.1.)

Ricken, Friedo: *Philosophie der Antike.* 4., überarb. u. erw. Aufl. 2007 (= Grundkurs Philosophie 6).

Heinzmann, Richard: *Philosophie des Mittelalters.* 3. Aufl. 2008 (= Grundkurs Philosophie 7).

Kuhn, Heinrich C.: *Philosophie der Renaissance.* 2014 (= Grundkurs Philosophie 8.1).

Schöndorf, Harald: *Philosophie des 17. und 18. Jahrhunderts.* 5., überarb. u. erw. Aufl. 2016 (= Grundkurs Philosophie 8.2).

Ehlen, Peter; Haeffner, Gerd; Schmidt, Josef: *Philosophie des 19. Jahrhunderts.* 5., erw. u. überarb. Aufl. 2016 (= Grundkurs Philosophie 9).

Ehlen, Peter; Haeffner, Gerd; Ricken, Friedo: P*hilosophie des 20. Jahrhunderts.* 3., vollst. überarb. Aufl. 2010 (= Grundkurs Philosophie 10).

Parkinson, George H. R.; Shanker, Stuart G. (Hg.): *Routledge History of Philosophy.* 10 Bde. London/New York: Routledge 2003.

Bd. 1. *From the Beginning to Plato.* Hg. v. Christopher C. W. Taylor.

Bd. 2. *From Aristotle to Augustine.* Hg. v. David Furley.

Bd. 3. *Medieval Philosophy.* Hg. v. John Marenbon.

Bd. 4. *The Renaissance and Seventeenth Century Rationalism.* Hg. v. George H. R. Parkinson.

Bd. 5. *British Philosophy and the Age of Enlightenment.* Hg. v. Stuart Brown.

Bd. 6. *The Age of German Idealism.* 2. Aufl. Hg. v. Robert C. Solomon u. Kathleen Higgins.

Bd. 7. *The Nineteenth Century.* Hg. v. Chin Liew Ten.

Bd. 8. *Continental Philosophy in the 20th Century.* 2. Aufl. Hg. v. Richard Kearney.

Bd. 9. *Philosophy of Science, Logic and Mathematics in the 20th Century.* Hg. v. Stuart G. Shanker.

Bd. 10. *Philosophy of Meaning, Knowledge and Value in the 20th Century*. Hg. v. John V. Canfield.

1.2.3 Philosophiegeschichtliche Textsammlungen

Bubner, Rüdiger (Hg.): *Geschichte der Philosophie in Text und Darstellung*. Stuttgart: Reclam 1978 ff.

Bd. 1. *Antike*. Erw. Ausg. Hg. v. Wolfgang Wieland. 2005.

Bd. 2. *Mittelalter*. Hg. v. Kurt Flasch. 2002.

Bd. 3. *Renaissance und frühe Neuzeit*. Hg. v. Stephan Otto. 2000.

Bd. 4. *Empirismus*. Erw. Aufl. Hg. v. Günter Gawlick. 2005.

Bd. 5. *Rationalismus*. Erw. Aufl. Hg. v. Rainer Specht. 2002.

Bd. 6. *Deutscher Idealismus*. Erg. Aufl. Hg. v. Rüdiger Bubner. 1998.

Bd. 7. *19. Jahrhundert. Positivismus, Historismus, Hermeneutik*. Hg. v. Manfred Riedel. 2000.

Bd. 8. *20. Jahrhundert*. Hg. v. Reiner Wiehl. 1999.

Bd. 9. *Gegenwart*. Hg. v. Pirmin Stekeler-Weithofer. 2004.

1.2.4 Theorie der Philosophiegeschichte

Die Philosophiegeschichte schreibt sich nicht von selbst. Stets wird eine Auswahl getroffen, über die die AutorInnen oftmals nicht eigens reflektieren. Folgende Bände problematisieren die Kanonbildung der Philosophiegeschichte:

Braun, Lucien: *Geschichte der Philosophiegeschichte*. Übers. v. Franz M. Wimmer. Darmstadt: Wissenschaftliche Buchgesellschaft 1990.

Schneider, Ulrich J.: *Die Vergangenheit des Geistes. Eine Archäologie der Philosophiegeschichte*. Frankfurt am Main: Suhrkamp 1990.

Beelmann, Axel: *Theoretische Philosophiegeschichte: Grundsätzliche Probleme einer philosophischen Geschichte der Philosophie*. Basel: Schwabe 2001.

1.3 Systematische und thematische Darstellungen

Neben historischen Nachzeichnungen gibt es systematische und thematische Darstellungen der Philosophie. Einführungen in diverse philosophische Disziplinen sowie Strömungen und Themengebiete gibt es zum Teil auch in den oben angeführten Reihen einzelner Verlage (s. Kap. 1.1.2).

1.3.1 Systematische Gesamtdarstellungen

Detel, Wolfgang: *Grundkurs Philosophie.* 5 Bde. Stuttgart: Reclam 2007.

    Bd. 1. *Logik.*

    Bd. 2. *Metaphysik und Naturphilosophie.*

    Bd. 3. *Philosophie des Geistes und der Sprache.*

    Bd. 4. *Erkenntnis- und Wissenschaftstheorie.*

    Bd. 5. *Philosophie des Sozialen.*

Martens, Ekkehard; Schnädelbach, Herbert (Hg.): *Philosophie. Ein Grundkurs.* 2 Bde. 6. Aufl. Reinbek bei Hamburg: Rowohlt 2003.

Grundkurs Philosophie. Koordination Friedo Ricken und Gerd Haeffner. Stuttgart: Kohlhammer 1982 ff.

    Haeffner, Gerd: *Philosophische Anthropologie.* 4. Aufl. 2005 (= Grundkurs Philosophie 1).

    Schöndorf, Harald: *Erkenntnistheorie.* 2014 (= Grundkurs Philosophie 2).

    Weissmahr, Béla: *Ontologie.* 2. Aufl. 1991 (= Grundkurs Philosophie 3).

    Ricken, Friedo: *Allgemeine Ethik.* 5., überarb. u. erg. Aufl. 2012 (= Grundkurs Philosophie 4).

    Schmidt, Josef: *Philosophische Theologie.* 2003 (= Grundkurs Philosophie 5).

    Watzka, Heinrich: *Sprachphilosophie.* 2014 (= Grundkurs Philosophie 11).

    Mutschler, Hans-Dieter: *Naturphilosophie.* 2002 (= Grundkurs Philosophie 12).

    Ricken, Friedo: *Sozialethik.* 2014 (= Grundkurs Philosophie 13).

    Brieskorn, Norbert: *Rechtsphilosophie.* 1990 (= Grundkurs Philosophie 14).

    Angehrn, Emil: *Geschichtsphilosophie.* 1991 (= Grundkurs Philosophie 15).

    Pöltner, Günther: *Philosophische Ästhetik.* 2008 (= Grundkurs Philosophie 16).

    Ricken, Friedo: *Religionsphilosophie.* 2003 (= Grundkurs Philosophie 17).

Löffler, Winfried: *Einführung in die Logik.* 2008 (= Grundkurs Philosophie 18).

Brieskorn, Norbert: *Sozialphilosophie.* 2009 (= Grundkurs Philosophie 19).

Bauberger, Stefan: *Wissenschaftstheorie.* 2016 (= Grundkurs Philosophie 20).

Reder, Michael; Gösele, Andreas: Köhler, Lukas; Wallacher, Johannes: *Umweltethik. Eine Einführung in globaler Perspektive.* 2018 (= Grundkurs Philosophie 21).

Brüntrup, Godehard; Jaskolla, Ludwig: *Philosophie des Geistes. Eine Einführung in das Leib-Seele-Problem.* 2018 (= Grundkurs Philosophie 22).

1.3.2 Systematische Textsammlungen

Im angelsächsischen Raum sind themen- oder personenspezifische Textsammlungen (*Reader*) weit verbreitet. Anbei eine kleine Auswahl:

Janaway, Christopher (Hg.): *Reading Aesthetics and Philosophy of Art. Selected Texts with Interactive Commentary.* Oxford u. a.: Blackwell 2006.

Martinich, Aloysius P.; Sosa, David (Hg.): *The Philosophy of Language.* 6. Aufl. Oxford: Oxford University Press 2012.

Lyotard, Jean François: *The Lyotard Reader and Guide.* Hg. v. Keith Crome u. James Williams. New York: Columbia University Press 2006.

Derrida, Jacques: *A Derrida Reader. Between the Blinds.* Hg. v. Peggy Kamuf. New York u. a.: Harvester Wheatsheaf 1991.

Aristoteles: *A New Aristotle Reader.* Hg. v. John Lloyd Ackrill. Oxford: Clarendon 1987.

Mittlerweile gibt es auch im deutschsprachigen Raum systematische Textsammlungen:
Reihe *Alber Texte Philosophie*, Freiburg/München: Alber (19 Bände).
  z. B. Meixner, Uwe; Lembeck, Karl-Heinz (Hg.): *Klassische Metaphysik.* Freiburg/München: Alber 1999 (= Alber-Texte Philosophie 1).

Textsammlungen zu bestimmten Themengebieten finden sich bei anderen Fachverlagen:
  z. B. Wiesing, Urban (Hg.): *Ethik in der Medizin. Ein Studienbuch.* 4., erw. u. vollst. durchges. Aufl. Stuttgart: Reclam 2012.

Schweikard, David P.; Schmid, Hans Bernhard (Hg.): *Kollektive Intentionalität. Eine Debatte über die Grundlagen des Sozialen.* Frankfurt am Main: Suhrkamp 2009.

1.4 Nachschlagewerke

Die im Folgenden aufgelisteten Nachschlagewerke geben biographische und werkgeschichtliche Auskunft über PhilosophInnen, aber auch über die spezifische Verwendung philosophischer Termini.

1.4.1 Wörterbücher, Lexika und Enzyklopädien

Einbändige Wörterbücher, Lexika und Enzyklopädien

In deutscher Sprache:

Brugger, Walter; Schöndorf, Harald (Hg.): *Philosophisches Wörterbuch.* Vollst. Neubearb. Freiburg/München: Alber 2010.

Halder, Alois; Müller, Max (Hg.): *Philosophisches Wörterbuch.* Überarb. Neuaufl. Freiburg u. a.: Herder 2008.

Hügli, Anton; Lübcke, Paul (Hg.): *Philosophielexikon. Personen und Begriffe der abendländischen Philosophie von der Antike bis zur Gegenwart.* Erw. Neuausg. Reinbek bei Hamburg: Rowohlt 2013.

Prechtl, Peter; Burkard, Franz-Peter (Hg.): *Metzler Lexikon Philosophie: Begriffe und Definitionen.* 3., akt. u. erw. Aufl. Stuttgart/Weimar: Metzler 2008.

Rehfus, Wulff D. (Hg.): *Handwörterbuch Philosophie.* Göttingen: Vandenhoeck & Ruprecht 2003 (= UTB 8208). [In der Printausgabe vergriffen. Online verfügbar unter http://www.utb-shop.de/hand-woerterbuch-philosophie, Zugriff 25.2.2018].

Schischkoff, Georgi (Hg.): *Philosophisches Wörterbuch.* Begr. v. Heinrich Schmidt. 22. Aufl. Stuttgart: Kröner 2009.

In englischer und französischer Sprache:

Audi, Robert (Hg.): *The Cambridge Dictionary of Philosophy.* 2. Aufl. Cambridge: Cambridge University Press 2000.

Blackburn, Simon (Hg.): *The Oxford Companion to Philosophy.* 2. Aufl. Oxford/New York: Oxford University Press 2008.

Comte-Sponville, André: *Dictionnaire philosophique.* Paris: PUF 2001.

Craig, Edward (Hg.): *The Shorter Routledge Encyclopedia of Philosophy.* London/New York: Routledge 2005.

Glendinning, Simon (Hg.): *The Edinburgh Encyclopedia of Continental Philosophy.* Edinburgh: Edinburgh University Press 1999.

Waibl, Elmar; Herdina, Philip: *Dictionary of Philosophical Terms. Wörterbuch philosophischer Fachbegriffe. Deutsch-Englisch. English-German.* 2 Bde. Wien: facultas.wuv 2011 [vormals bei München/New York: Saur/Routledge ²2001; auch als CD-ROM].

Neben allgemeinen Wörterbüchern oder Lexika zur Philosophie gibt es mitunter thematisch ausgerichtete oder personenspezifische Nachschlagewerke:

z. B. Prechtl, Peter (Hg.): *Grundbegriffe der analytischen Philosophie.* Einl. v. Ansgar Beckermann. Stuttgart/Weimar: Metzler 2004 (= Sammlung Metzler 345).

Vetter, Helmuth (Hg.): *Wörterbuch der phänomenologischen Begriffe.* Unter Mitarb. v. Klaus Ebner u. Ulrike Kadi. Hamburg: Meiner 2004.

Gander, Hans-Helmuth (Hg.): *Husserl-Lexikon.* Darmstadt: Wissenschaftliche Buchgesellschaft 2010.

Glock, Hans-Johann: *Wittgenstein-Lexikon.* Übers. v. Ernst Michael Lange. 2. Aufl. Darmstadt: Wissenschaftliche Buchgesellschaft 2010 [engl. Ausg.: *A Wittgenstein dictionary.* Oxford u. a.: Blackwell 1996].

Mehrbändige Wörterbücher, Lexika und Enzyklopädien

In deutscher Sprache:

Mittelstraß, Jürgen (Hg.): *Enzyklopädie Philosophie und Wissenschaftstheorie.* 8 Bde. 2., erw. Aufl. Stuttgart/Weimar: Metzler 2005.

Ritter, Joachim; Gründer, Karlfried (Hg.): *Historisches Wörterbuch der Philosophie.* 13 Bde. Basel: Schwabe 1971–2007 [auch als CD-ROM].

Sandkühler, Hans Jörg (Hg.): *Enzyklopädie Philosophie.* 3 Bände. Neuauflage. Hamburg: Meiner 2010 [auch als CD-ROM].

Tipp: Wenn Sie detaillierte Informationen zu der Bedeutung und Verwendung eines bestimmten philosophischen Begriffs suchen, dann sollte Ihre erste Anlaufstelle das *Historische Wörterbuch der Philosophie* von Ritter und Gründer sein. Es gilt als *das* Referenzwerk für die philosophische Begriffsgeschichte.

In englischer und französischer Sprache:

Borchert, Donald M.: *Encyclopedia of Philosophy*. 10 Bde. 2. Aufl. Detroit
u. a.: Macmillan Reference 2006 [Neubearbeitung von Edwards,
Paul (Hg.): *The Encyclopedia of Philosophy*. 8 Bde. London/New
York: Collier/Macmillan 1967].

Craig, Edward (Hg.): *Routledge Encyclopedia of Philosophy*. 10 Bde.
London/New York: Routledge 1998 [auch als CD-ROM].

Jacob, André (Hg.): *Encyclopédie philosophique universelle*. 4 Bde. Paris:
PUF 1989 ff.

> Bd. 1. *L'Univers philosophique*. Dirigé par André Jacob. 1989.

> Bd. 2. *Les notions philosophique. Dictionnaire*. Dirigé par Sylvain
> Auroux. 1990.

> Bd. 3. *Les œuvres philosophique. Dictionnaire*. Dirigé par Jean-
> François Mattéi. 1992.

> Bd. 4. *Le discours philosophique*. Dirigé par Jean-François Mattéi.
> 1998.

1.4.2 Werklexika

Volpi, Franco (Hg.): *Großes Werklexikon der Philosophie*. 2 Bde. Stuttgart:
Kröner 1999.

Quante, Michael (Hg.): *Kleines Werklexikon der Philosophie*. Vorarbeiten
von Franco Volpi. Unter Mitarbeit von Matthias Hoesch. Stuttgart:
Kröner 2012.

1.4.3 Personenlexika

In deutscher Sprache:

Jahn, Bruno: *Biographische Enzyklopädie deutschsprachiger Philosophen*.
München: Saur 2001.

Lutz, Bernd (Hg.): *Metzler Philosophen Lexikon: Von den Vorsokratikern
bis zu den Neuen Philosophen. Philosophisches Denken in 360
Porträts*. 3., akt. u. erw. Ausg. Stuttgart/Weimar: Metzler 2003.

Meyer, Ursula I.; Bennent-Vahle, Heidemarie (Hg.): *Philosophinnen-Lexikon*.
Aachen: Ein-Fach-Verlag 1994 [+ Ergänzungsband 1997].

Nida-Rümelin, Julian; Özmen, Elif (Hg.): *Philosophie der Gegenwart in
Einzeldarstellungen. Von Agamben bis v. Wright*. 3., neubearb. u.
akt. Aufl. Stuttgart: Kröner 2007.

Rullmann, Marit; Gründken, Gudrun; Mrotzek, Marlies: *Philosophinnen*. 2 Bde. Frankfurt am Main: Suhrkamp 1998.

In englischer Sprache:

Brown, Stuart; Collinson, Diané; Wilkinson, Robert (Hg.): *One Hundred Twentieth-Century Philosophers*. 3. Aufl. London/New York: Routledge 1997.

1.4.4 Handbücher

Es existieren zahlreiche Handbücher zu verschiedenen Personen, philosophischen Strömungen und Disziplinen. Handbücher zielen darauf ab, den Forschungsstand eines definierten Feldes wiederzugeben. Sie sind zugleich Einführung und Nachschlagewerk.

- *Handbücher*. Stuttgart/Weimar: Metzler (thematisch und personenorientiert)

  z. B. Düwell, Marcus; Hübenthal, Christoph; Werner, Micha H. (Hg.): *Handbuch Ethik*. 3., akt. Aufl. Stuttgart/Weimar: Metzler 2011.

  Ottmann, Henning (Hg.): *Nietzsche-Handbuch: Leben, Werk, Wirkung*. Stuttgart/Weimar: Metzler 2000.

- *Handbücher*. Berlin/New York: de Gruyter (thematisch)

  z. B. Gosepath, Stefan; Hinsch, Wilfried; Rössler, Beate (Hg.): *Handbuch der Politischen Philosophie und Sozialphilosophie*. 2 Bde. Berlin/New York: de Gruyter 2008.

1.4.5 Onlineressourcen

Mittlerweile gibt es eine ganze Reihe von Quellen zur Philosophie im Internet. Das Angebot reicht dabei von privaten Webseiten und Gemeinschaftsprojekten (wie z. B. *Wikipedia*) über wissenschaftliche und universitätsbasierte Verbundprojekte bis hin zu freien Volltextarchiven (wie z. B. *Sammelpunkt*), Onlinezeitschriften und rein webbasierten Publikationen. Dennoch ist bei der Verwendung von Quellen aus dem Internet immer Vorsicht angebracht. Die Qualität der Quellen variiert ebenso stark wie die Breite des Angebots. Bei dem Rückgriff auf Internetseiten gilt es daher, die Quellen immer genau zu überprüfen und die Angaben oder Ausführungen mit anderen Quellen zu vergleichen.

Tipp: Zu empfehlen ist eine Recherche im Internet immer dann, wenn es darum geht, sich einen ersten Überblick über ein bestimmtes Themengebiet und die dazu publizierte Literatur zu verschaffen.

Da Internetadressen eine relativ geringe Haltbarkeit besitzen, sind hier nur wenige Links angeführt, die nicht nur für das Studium der Philosophie von Relevanz sind, sondern auch eine gewisse Stabilität besitzen. Insbesondere Texte und Hörmaterialien werden von den einzelnen Instituten bzw. Lehrenden oft gesondert verwaltet. Hier lohnt sich eine eigenständige Recherche im Netz.

Im Folgenden seien einige Adressen genannt:

* *Stanford Encyclopedia of Philosophy*, http://plato.stanford.edu/contents.html
  Frei verfügbare Enzyklopädie mit umfassenden und hervorragenden Einträgen
* *UTB-Wörterbuch Philosophie, http://www.philosophie-woerterbuch.de/*
  Frei verfügbares Wörterbuch mit kurzen Einträgen
* *The Internet Encyclopedia of Philosophy*, http://www.iep.utm.edu/
  Frei verfügbare Enzyklopädie mit umfassenden Einträgen
* *Sammelpunkt. Elektronisch archivierte Theorie*, http://sammelpunkt.philo.at
  Textarchiv zumeist deutschsprachiger Artikel
* *PhilPapers (Online research in philosophy)*, http://philpapers.org/
  Umfassendes Textarchiv internationaler Artikel
* *Textsammlung Gutenberg-Projekt*, http://gutenberg.spiegel.de/
  Sammlung deutschsprachiger Werke aus Literatur und Philosophie
* *Philosophische Audiothek*, http://audiothek.philo.at
  Podcast-Sammlung von Vorträgen, Vorlesungen, Diskussionen und Radiosendungen
* *Academia*, http://www.academia.edu
  Online-Publikationsplattform für Akademiker

1.5 Philosophische Zeitschriften

Entsprechend dem allgemeinen Trend in den Wissenschaften erscheinen auch in der Philosophie immer mehr Beiträge in Zeitschriften, obgleich – je nach fachlicher Ausrichtung – immer noch ein beachtlicher Teil der Publikationen in Form von Monographien oder Beiträgen in Sammelbänden veröffentlicht wird. Zeitschriftenartikel haben den Vorteil, dass sie beim Erscheinen relativ aktuell sind und zumeist von einem Herausgeberteam oder in einem Begutachtungsverfahren (z. B. *double-blind peer review*) auf ihre Qualität hin geprüft werden. Artikel in ausgewiesenen Fachzeitschriften behandeln zumeist ein umgrenztes Thema detailliert und verstehen sich als expliziter Forschungsbeitrag zu aktuellen Debatten. Zeitschriften finden Sie in den jeweiligen Universitäts- oder Seminarbibliotheken. Über elektronische Datenbanken ist mittlerweile ein großer Teil der Zeitschriften online abrufbar. Die meisten Universitäten bieten über das Portal der Onlinekataloge einen Zugang zu der *Elektronischen Zeitschriftenbibliothek* (EZB) an. Darüber hinaus bieten viele Universitätsbibliotheken Zugriff auf Online-Volltextarchive wie z. B. *JSTOR* oder *Project MUSE*. Um online auf diese Datenbanken zugreifen zu können, muss der benutzte PC aus rechtlichen Gründen Teil des Universitätsnetzwerkes sein. Über ein *Virtual Public Network* (VPN) ist dies jedoch mit den jeweiligen Zugangsdaten prinzipiell von jedem Ort aus möglich. Anleitungen zur Einrichtung einer VPN-Verbindung finden Sie in der Regel auf der Website des Informatikdienstes Ihrer Universität.

Tipp: Für StudienanfängerInnen bieten Universitätsbibliotheken Einführungen und Schulungen an. Es ist ratsam, sich gleich zu Beginn des Studiums mit diesen technischen Hilfsmitteln vertraut zu machen, um das breite Angebot an digitalen Möglichkeiten nützen zu können.

In den letzten Jahren wurden vonseiten unterschiedlicher Institutionen (Scimago Journal & Country Rank, ESF Ranking, Google Scholar) Rankings der wichtigsten Journale erstellt. Die Bewertungen sind in Fachkreisen umstritten, da sie vornehmlich englischsprachige Zeitschriften mit analytischer Ausrichtung forcieren. Die folgende Auflistung orientiert sich an internationalen Standards, berücksichtigt aber verstärkt auch deutschsprachige Zeitschriften, ohne jedoch Vollständigkeit beanspruchen zu wollen.

1.5.1 Allgemeine philosophische Zeitschriften

- *Allgemeine Zeitschrift für Philosophie* (1976 ff.)
- *American Philosophical Quarterly* (1964 ff.)
- *Archiv für Begriffsgeschichte* (1958 ff.)
- *Archiv für Geschichte der Philosophie* (1888 ff.)
- *Deutsche Zeitschrift für Philosophie* (1991 ff.)
- *European Journal of Philosophy* (1993 ff.)
- *Information Philosophie* (1972 ff.)
- *Internationale Zeitschrift für Philosophie* (1992 ff.)
- *Journal of Philosophy* (1904 ff.)
- *Mind. A Quarterly Review of Philosophy* (1876 ff.)

- *Perspektiven der Philosophie. Neues Jahrbuch* (1975 ff.)
- *Philosophical Studies* (1950 ff.)
- *Philosophisches Jahrbuch* (1888 ff.)
- *The Monist* (1890 ff.)
- *The Review of Metaphysics* (1947 ff.)
- *The Philosophical Quarterly* (1950 ff.)
- *Tijdschrift voor filosofie* (1939 ff.)
- *Zeitschrift für philosophische Forschung* (1947 ff.)

Tipp: Einen Überblick über aktuelle Diskussionen, Entwicklungen und Publikationen gibt die *Information Philosophie*. Diese Zeitschrift wendet sich weniger an ein einschlägiges Fachpublikum, sondern an alle an der Philosophie Interessierten.

1.5.2 Personenspezifische philosophische Zeitschriften

- *Proceedings of the Aristotelean Society* (1887 ff.)
- *Fichte-Studien* (1990 ff.)
- *Hegel-Studien* (1961 ff.)
- *Heidegger Studies* (1985 ff.)
- *Hobbes Studies* (1988 ff.)
- *Hume Studies* (1975 ff.)
- *Husserl Studies* (1984 ff.)
- *Kantian Review* (1997 ff.)
- *Kant-Studien* (1896 ff.)
- *Kierkegaard Studies* (1996 ff.)
- *Nietzsche-Studien* (1972 ff.)
- *Schopenhauer-Studien* (1988 ff.)
- *Studia Leibnitiana* (1969 ff.)
- *Studia Spinozana* (1985 ff.)

1.5.3 Disziplinenspezifische philosophische Zeitschriften

- *Ancient Philosophy* (1980 ff.)
- *Asian philosophy* (1991 ff.)

- *Bioethics* (1987 ff.)
- *Biology and Philosophy* (1986 ff.)
- *British Journal for the Philosophy of Science* (1950 ff.)
- *Dialektik. Zeitschrift für Kulturphilosophie* (1991 ff.)
- *Dialogue and Universalism* (1991 ff.)
- *Die Philosophin* (1990 ff.)
- *Erkenntnis* (1950 ff.)
- *Ethics* (1890 ff.)
- *Internationales Jahrbuch für Hermeneutik* (2002 ff.)
- *Journal of Ethics* (1997 ff.)
- *Journal of Political Philosophy* (1992 ff.)
- *Phänomenologische Forschungen* (1975 ff.)
- *Philosophy and Phenomenological Research* (1940 ff.)
- *Philosophy of Science* (1934 ff.)
- *Phronesis* (1971 ff.)
- *Polylog. Zeitschrift für interkulturelles Philosophieren* (1998 ff.)
- *Psyche. Zeitschrift für Psychoanalyse und ihre Anwendungen* (1947 ff.)
- *S – European Journal for Semiotic Studies* (1989 ff.)
- *Studia logica* (1953 ff.)
- *Studies in History and Philosophy of Modern Physics* (1969 ff.)
- *Zeitschrift für Ästhetik und allgemeine Kunstwissenschaft* (1906 ff.)

1.5.4 Philosophische Rezensionszeitschriften und Bibliographien

- *Philosophische Rundschau* (1954 ff.)
- *Philosophischer Literaturanzeiger* (1948 ff.)
- *Revue internationale de philosophie* (1938 ff.)

1.5.5 Abkürzungsverzeichnis der Zeitschriftentitel

- Leistner, Otto (Hg.): *ITA. Internationale Titelabkürzungen von Zeitschriften, Zeitungen, wichtigen Hand- und Wörterbüchern, Gesetzen, Institutionen usw.* 3 Bde. 9., erw. Aufl. München: Saur 2003.

1.6 Philosophische Bibliographien

Bibliographien sammeln thematisch und/oder personenbezogen Literaturangaben und spiegeln so den aktuellen Forschungsstand wider. Dabei werden nicht nur selbstständige, sondern auch unselbstständige Publikationen angeführt.

Tipp: Es empfiehlt sich bei der Literaturrecherche, neben den hier angeführten Hilfsmitteln auch auf bereits Bekanntes (Philosophiegeschichten, Einführungen, Nachschlagewerke) zurückzugreifen, um ohne größere Umwege auf die Standardwerke der Sekundärliteratur zu stoßen (s. „Schneeballsystem", Kap. 2.2.1).

Darüber hinaus gibt es mitunter – in gedruckter Form oder im Internet – eigene personen- und themenspezifische Bibliographien.

z. B.   Ruffing, Margit (Hg.): *Kant-Bibliographie.* Begr. v. Rudolf Malter. Frankfurt am Main: Klostermann 1999 ff. (Veröffentlichungen der Kant-Forschungsstelle am Philosophischen Seminar der Universität Mainz).

Zeillinger, Peter: *Jacques Derrida. Bibliographie der französischen, deutschen und englischen Werke.* Wien: Turia u. Kant 2005.

Wegweiser durch die Heidegger-Literatur, https://www.ub.uni-freiburg.de/recherche/personenportale/martin-heidegger/wegweiser-heidegger/ (Zugriff 4.3.2018).

Eine Suche in verschiedenen Onlinekatalogen bzw. in den Internetsuchmaschinen führt hier oft zum Erfolg. Auch in den personen- bzw. themenspezifischen philosophischen Zeitschriften werden mitunter Bibliographien (Primär- und/oder Sekundärliteratur) aufgelistet.

1.6.1 Bibliographien

Abgeschlossene philosophische Bibliographien

Diese Bibliographien sind veraltet, haben aber den Vorteil, dass sie ältere Publikationen übersichtlich anführen.

Totok, Wilhelm: *Handbuch der Geschichte der Philosophie.* 6 Bde. Frankfurt am Main: Klostermann 1964–1990.

Varet, Gilbert: „Bibliographie générale", in: *Encyclopedie philosophique universelle.* Vol. 1: *L'Univers philosophique.* Paris: PUF 1989, 1741–1907.

Laufende (periodische) allgemeine Bibliographien

Da gedruckte Bibliographien relativ schnell veralten bzw. neue Titel nicht aufnehmen können, empfiehlt es sich, auch elektronische Bibliographien zu nützen. Die hier angeführten Datenbanken sind über die jeweiligen Universitätsbibliotheken online abrufbar.

* *The Philosopher's Index: An International Index to Philosophical Periodicals and Books* (1967 ff.)
* *International Philosophical Bibliography* (IPB) (1997 ff.)
* *Dietrich's Index Philosophicus* (1983 ff.)
* *Online Contents – SSG Philosophie* (1993 ff.)
* *Humanities Index* (1984 ff.)
* *Internationale Bibliographie der Zeitschriftenliteratur* (IBZ) (1965 ff.)
* *Internationale Bibliographie der Rezensionen* (IBR) (1985 ff.)
* *The MLA International Bibliography* (1963 ff.)
* *Deutsche Nationalbibliographie* (1997 ff.)

1.6.2   Weitere Hilfsmittel für die Literaturrecherche

* *Karlsruher virtueller Katalog* (KvK), http://www.ubka.uni-karlsruhe.de/kvk.html
* *Verzeichnis lieferbarer Bücher* (VLB), http://www.buchhandel.de
* *Deutsche Zeitschriftendatenbank* (ZDB), http://dispatch.opac.ddb.de

Aufsätze, die an Ihrer Universitätsbibliothek weder in Buch- oder Zeitschriftenform noch online verfügbar sind, können Sie entweder über die *Fernleihe* der Universitätsbibliothek oder über den Dokumentenlieferservice *Subito* (http://www.subito-doc.de) relativ kostengünstig bestellen.

Literatursuche in Onlinedatenbanken: ein Beispiel

Um zu verdeutlichen, wie unterschiedlich das Ergebnis für eine Literatursuche zu einem bestimmten Thema in den einschlägigen Onlinebibliographien und Volltextdatenbanken ausfallen kann, sei auf das folgende Beispiel verwiesen. Angenommen Sie wollen eine Seminararbeit zu zwei prominenten Philosophen der Gegenwart schreiben – John R. Searle und Jacques Derrida –, die in den 1970er und 1980er Jahren einen polemischen Schlagabtausch miteinander geführt haben, der insbesondere in den USA hohe Wellen geschlagen hat. Sie suchen nun Aufsätze und Zeitschriftenartikel, die diese Debatte thematisieren. Um eine möglichst

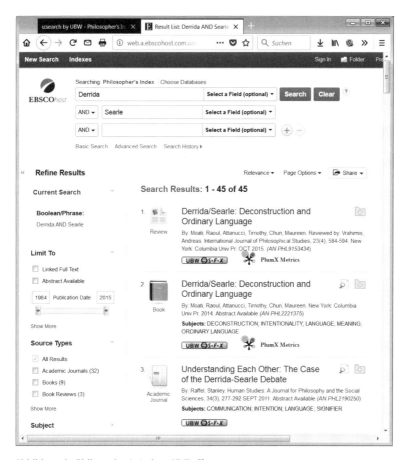

Abbildung 1: *Philosopher's Index*: 45 Treffer

große Trefferquote zu erzielen, suchen Sie nach „Searle" und „Derrida" in der jeweiligen Volltextsuche der Datenbanken. Die folgenden Bibliographien liefern Ihnen die entsprechenden Trefferquoten (Stand 15.12.2017).

- *Internationale Bibliographie der Zeitschriftenliteratur* (IBZ): 8 Treffer
- *MLA International Bibliography*: 34 Treffer
- *Philosopher's Index*: 45 Treffer (s. Abb. 1)
- *Project MUSE*: 246 Treffer
- *JSTOR*: 1161 Treffer (s. Abb. 2)

Die Gründe für die eklatanten Unterschiede in der Ausbeute – 8 Treffer in IBZ versus 1161 Treffer in *JSTOR* (von denen allerdings die wenigsten wirklich brauchbar sind) – sind unterschiedlich. Während z.B. IBZ und

Philosopher's Index nur Titel, Abstract und Schlagworte erfassen, durchsuchen *JSTOR* und *Project MUSE* die gesamten Textdateien auf die gesuchten Begriffe. Darüber hinaus ist zu berücksichtigen, dass die großen und etablierten Bibliographien und Datenbanken vor allem englischsprachige Literatur erfassen. Deutschsprachige Publikationen werden in der Regel kaum berücksichtigt.

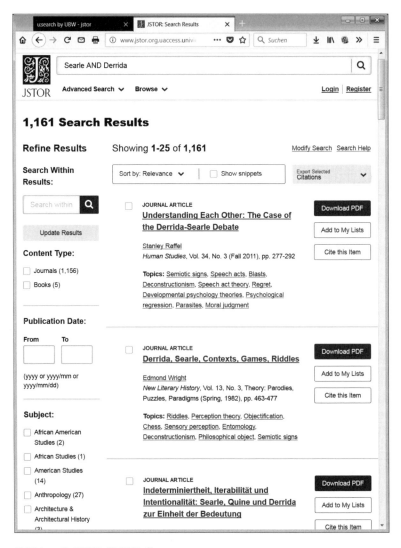

Abbildung 2: *JSTOR*: 1161 Treffer

1.7 Bibliotheken und Kataloge

1.7.1 Universitätsbibliothek

Ein zentrales Element des Philosophiestudiums ist die Auseinandersetzung mit Texten. Da man selbstverständlich nicht alle Bücher erwerben kann, bieten Universitäten die Möglichkeit an, Materialien in Bibliotheken einzusehen und/oder sie auszuborgen. Dort finden sich umfassende Bestände an Büchern, Zeitschriften, Datenbanken, CDs, Videos, historischen Dokumenten usw. Sie können diese in der Regel entweder über Onlinekataloge der Universitätsbibliothek bestellen oder in sogenannten Freihandbereichen selbst ausheben. Falls ein Buch an Ihrer Universität nicht erhältlich ist, gibt es über die Universitätsbibliothek noch die Möglichkeit der Fernleihe.

Tipp: Eine der ersten „Tathandlungen" im Philosophiestudium sollte die Beschaffung eines Ausweises für die UB (Universitätsbibliothek) sein. Auf den betreffenden Internetseiten finden sich die Informationen, wie man zu einer Nutzungsberechtigung kommt. Nutzen Sie gleich zu Beginn des Studiums das Angebot einer Schulung und Führung, um sich umgehend mit den Möglichkeiten und Leistungen der Bibliotheken vertraut zu machen. Dort werden Sie auch über Leihfristen, Verlängerungsmöglichkeiten, Mahngebühren sowie die verschiedenen Standorte (Magazin und Selbstbedienungsbereich) informiert.

1.7.2 Instituts- oder Seminarbibliotheken

Neben der UB gibt es zumeist Instituts- oder Seminarbibliotheken, die den einzelnen Fachbereichen und Instituten angegliedert sind. Der Vorteil dieser kleineren Bibliotheken besteht unter anderem darin, dass man oft direkten Zugang zu den Büchern erhält. Bei dieser sogenannten Freihandaufstellung sind die Bestände zumeist historisch und systematisch geordnet (z. B. Primär- und Sekundärliteratur zu Kant oder Abteilung für Sozialphilosophie), sodass man sich relativ schnell einen Überblick über die wichtigsten Publikationen verschaffen kann. Weniger geläufig sind andere Systeme, wie z. B. der *numerus currens*, bei dem die Bücher unabhängig von ihrem jeweiligen Fachgebiet, aber abhängig vom Erwerbsdatum, nach fortlaufender Nummer eingestellt werden.

Achtung: Bibliothekskataloge erfassen großteils nur selbstständige Publikationen, d. h. Bücher oder ganze Zeitschriftenbände! Unselbstständige Veröffentlichungen, wie z. B. Zeitschriftenartikel oder Aufsätze in Sammelbänden, werden oft von den Onlinekatalogen nicht erfasst. Hierfür muss auf die oben angeführten Datenbanken und Bibliographien zurückgegriffen werden.

2 Auf dem Weg zur schriftlichen Arbeit

Der Weg vom ersten Entschluss, eine schriftliche Arbeit zu einem bisher nur vage ins Auge gefassten Thema zu verfassen, bis zur endgültigen Fertigstellung kann sich gelegentlich als lang und sogar steinig erweisen. Dies hat nicht zuletzt damit zu tun, dass das Verfassen wissenschaftlicher Texte nicht nur aus dem Schreiben selbst besteht, sondern auch verschiedene andere Arbeitsschritte beinhaltet, die dem Schreibprozess vorausgehen und ihn begleiten. Dazu gehören die Formulierung des Themas, Literaturrecherche, Lektüre, Bewertung und Aufarbeitung der Literatur, die Erarbeitung eines Konzepts, einer Gliederung und eines Zeitplans. Da diese Arbeitsschritte einen zentralen Baustein zum Gelingen Ihrer schriftlichen Arbeit darstellen, werden wir uns ihnen im folgenden Kapitel ausführlich widmen.

2.1 Themenfindung und -formulierung

Die Wahl eines guten Themas ist das A und O einer gelungenen schriftlichen Arbeit. Wenn Sie bei der Suche nach einer guten und spannenden Fragestellung erfolgreich waren, geht das Schreiben der Arbeit in der Regel leichter von der Hand. Haben Sie dagegen Ihr Thema zu weit gewählt oder wissen Sie während der Recherche und des Schreibprozesses noch nicht genau, was Sie wollen (worüber Sie konkret schreiben wollen, worin Ihr Ziel besteht usw.), laufen Sie unter Umständen Gefahr, sich im Arbeitsprozess zu „verzetteln". Es lohnt sich daher, sich bei der Wahl des Themas ausreichend Zeit zu lassen; umso schneller werden Sie später vorankommen (vgl. Esselborn-Krumbiegel 2017, 33–69). Eine prägnant formulierte Themenstellung ermöglicht nicht nur eine zielgerichtete Literatursuche und Lektüre, sondern wird Ihnen auch im weiteren Verlauf ein effizientes Arbeiten ermöglichen.

2.1.1 Vorausgehende Überlegungen

Bevor Sie mit der Themenfindung und -formulierung beginnen, sollten Sie sich zunächst einige sehr allgemeine Fragen stellen, um eine erste

Orientierung zu gewinnen. Dazu gehören neben Fragen inhaltlicher und organisatorischer Art auch Fragen, die Sie an sich selbst richten sollten.

Persönliche Fragen

* Wo liegen meine Stärken und Schwächen?
  Liegen meine Talente beispielsweise eher im Erfassen, Durchdenken und Wiedergeben der Gedanken anderer, in der kritischen Auseinandersetzung mit diesen Gedanken oder im Vergleichen und in der Gegenüberstellung von Überlegungen verschiedener AutorInnen bzw. Werke? Wäre es eventuell überlegenswert (etwa, wenn ich mich ungefähr in der Mitte meines Studiums befinde), auch einmal eine Zugangsweise zu wählen, die mir weniger liegt, um diese Art des Erarbeitens einer Themenstellung einzuüben?
* Worin besteht meine Motivation?
  Möchte ich mein im Seminar erworbenes Wissen erweitern und vertiefen? Interessiere ich mich für eine bestimmte philosophische Position bzw. für eine/n bestimmte/n AutorIn? Oder möchte ich versuchen, meine eigenen Überlegungen in Auseinandersetzung mit einer bestimmten philosophischen Position zu klären und/oder zu hinterfragen?

Inhaltliche und organisatorische Fragen

* Kann/soll ich das Thema frei wählen oder ist der Rahmen (mehr oder weniger eng) vorgegeben? Welche inhaltlichen, methodischen und formalen Vorgaben sind zu beachten? Welchen zeitlichen Rahmen habe ich zur Verfügung (Abgabetermin)?
* Plane ich eine Übersichtsarbeit oder einen Text zu einem speziellen Thema? Soll die Arbeit systematisch oder historisch angelegt sein (vgl. Eco 2010, 16–27)?
* Bringe ich ein bestimmtes Vorwissen mit? Habe ich eventuell bereits zu einem ähnlichen Thema gearbeitet? Ist mir die wichtigste Literatur schon bekannt?
* Sind die benötigten Quellen (primäre und sekundäre) leicht zugänglich oder müssen sie ggf. erst (z. B. über Fernleihe) bestellt werden?
* Ist die für mich relevante Literatur auf Deutsch verfügbar? Welche Fremdsprachenkenntnisse sind erforderlich, um sowohl die Primär- als auch die Sekundärliteratur angemessen behandeln zu können?

2.1.2 Formulierung des Themas

Die Wahl und Eingrenzung des Themas stellt einen eigenen zentralen Arbeitsschritt auf dem Weg zur schriftlichen Arbeit dar. Rechnen Sie zudem damit, dass Sie während der Phasen der Themenfindung und Literaturrecherche das gewählte Thema unter Umständen noch mehrmals eingrenzen und präzisieren müssen. Selbst wenn man die oben genannten Vorüberlegungen angestellt und seine Themenauswahl etwa an zeitlichen Vorgaben, an dem Vorhandensein von Literatur o. Ä. ausgerichtet hat, stellt sich im weiteren Verlauf dennoch häufig heraus, dass das Thema immer noch zu weit gefasst ist – sei es, weil man die relevante Literatur zuvor noch nicht ausreichend überblickt hat, sei es, weil man relevante, mit dem gewählten Thema eng verknüpfte Aspekte bisher übersehen hat. Für die Formulierung und Eingrenzung des Themas empfehlen sich die folgenden Arbeitsschritte:

1. Erste Formulierung verschiedener Hypothesen und Zielvorgaben
   Versuchen Sie zunächst, Fragestellung und Zielsetzung Ihrer Arbeit (sowie eventuelle Alternativen) zu formulieren: Wie lautet meine Fragestellung? Was genau möchte ich zeigen? Was soll meine Arbeit leisten?

2. Erste Skizze einer Gliederung der Arbeit

3. Formulierung der ersten konkreten Arbeitsschritte
   Es ist für den Fortgang einer Arbeit äußerst hilfreich, wenn Sie die ersten konkreten Arbeitsschritte klar vor Augen haben und bereits genau wissen, wo und wie Sie beginnen werden. Oder wie Standop und Meyer es prägnant formulieren: „Ein gutes Kriterium für ein richtig gestelltes Thema besteht darin, dass man von vornherein deutliche Vorstellungen von den ersten Schritten hat, die man zu unternehmen gedenkt." (Standop u. Meyer 2008, 19)

4. Weitere Eingrenzung und Präzisierung des Themas
   Oft stellt sich im Arbeitsprozess heraus, dass eine weitere Eingrenzung und Präzisierung des Themas notwendig ist. Das folgende Beispiel soll illustrieren, wie eine solche Eingrenzung aussehen könnte:
   Ethik im 20. und 21. Jh. → Medizinethik im 20. und 21. Jh. → Der Personbegriff in der Medizinethik des 20. und 21. Jh. → Der Personbegriff bei Peter Singer

Tipp: Wählen Sie das Thema so,

- dass Sie die einschlägige Literatur möglichst vollständig erfassen können;

- dass Sie selbst zu einem Spezialisten/einer Spezialistin auf Ihrem Gebiet werden.

Beispiele für mögliche Themeneingrenzungen

Angenommen, Sie interessieren sich für sprachphilosophische Fragen in der Philosophie und möchten dazu eine Seminararbeit schreiben. Das Thema in seiner allgemeinen Form könnte lauten: „Das Problem der Sprache in der abendländischen Philosophie". Allerdings werden Sie sehr schnell feststellen, dass Sie mit einer solch umfassenden Fragestellung nicht weit kommen bzw. über Jahre damit beschäftigt wären. Es ist daher unerlässlich, das Thema so weit einzugrenzen und zu präzisieren, dass es sich in einem angemessenen Zeitrahmen behandeln lässt. Folgende Strategien stehen Ihnen hierbei u. a. zur Verfügung (vgl. Franck 2011, 161f.; Eco 2010, 16–27; Krämer 2009, 18–20):

Beispiel: Das Problem der Sprache in der abendländischen Philosophie

- Auswahl von Personen:
  Das Problem der Sprache bei Wittgenstein
- Auswahl spezifischer Aspekte:
  Sprache als Spiel bei Wittgenstein
- Zeitliche Eingrenzung der Themenstellung:
  Das Problem der Sprache in der ersten Hälfte des 20. Jahrhunderts
- Eingrenzung der behandelten Literatur:
  Das Problem der Sprache in Wittgensteins *Tractatus*
- Spezifizierung der Betrachtungsebenen:
  Das Problem der Sprache bei Wittgenstein. Eine Analyse aus Sicht des Radikalen Konstruktivismus
- Einschränkung auf eine überblicksartige Darstellung:
  Das Problem der Sprache bei Wittgenstein: Ein Überblick
- Konzentration auf neue Aspekte:
  Das Problem der Sprache bei Wittgenstein: Versuch einer Neubewertung

Beachten Sie, dass die hier beispielhaft aufgelisteten, bereits eingegrenzten Themen in den meisten Fällen für eine Seminar- oder Bachelorarbeit immer noch zu weit gefasst sind und eher für die Behandlung im Rahmen einer Diplom- bzw. Masterarbeit oder sogar (wie im Rahmen des letzten Beispiels) einer Dissertation geeignet sind.

2.2 Literatursuche

Gelegentlich kommt es vor, dass man zu einem bestimmten Thema trotz intensiver Suche keine oder nur wenig Literatur findet. Das kann eventuell daran liegen, dass zu diesem Thema tatsächlich bisher wenig gearbeitet worden ist; häufiger liegt es aber daran, dass Sie nicht an den richtigen „Stellen", z. B. in Zeitschriften, einschlägigen Handbüchern, Bibliographien, Literaturdatenbanken, gesucht haben (s. Kap. 1). In einem solchen Fall empfiehlt es sich, mit dem/der LehrveranstaltungsleiterIn oder BetreuerIn Rücksprache zu halten. Diese können vor einer allfälligen Unergiebigkeit des Themas warnen oder Tipps geben, wo man mit der Literatursuche eventuell doch noch fündig wird.

Weit häufiger aber tritt die entgegengesetzte Situation ein: Bereits eine erste oberflächliche Recherche ergibt eine derartige Fülle an „Treffern", dass eine Lektüre aller Werke unmöglich erscheint. Dieser Fall verlangt unter anderem ein effizientes Sichten und Bewerten der relevanten Literatur sowie eine konkrete themenspezifische Recherche.

2.2.1 Sondierende Literatursuche: „Schneeballsystem"

Bei der Literatursuche nach dem „Schneeballsystem" macht man sich, wie der Name schon sagt, den sogenannten Schneeballeffekt zunutze: Man fängt „klein" an und erschließt sich sukzessive einen immer größeren Bereich. Diese Art der Literatursuche bietet sich vor allem dann an, wenn die Kenntnisse über das zu behandelnde Thema noch gering sind und Sie sich entsprechend einen ersten Überblick über relevante Aspekte des Themenfeldes, den aktuellen Forschungsstand sowie die am häufigsten referierte Forschungsliteratur verschaffen wollen. Für diese Art der Literatursuche ist folgende Vorgehensweise empfehlenswert:

- Den Ausgangspunkt bilden bibliographische Angaben in

  - allgemeinen Nachschlagewerken (Lexika, Enzyklopädien),
  - Einführungen zu bestimmten Personen, Disziplinen oder Strömungen,
  - fachspezifischen Lexika und Handbüchern,
  - Leselisten von Lehrveranstaltungen.

- Über die dortigen Literaturangaben gelangt man zu weiteren Publikationen, die wiederum bibliographische Angaben enthalten. Dabei werden Sie feststellen, dass bestimmte Publikationen immer wieder genannt werden. Häufig handelt es sich dabei um sogenannte „Standardwerke", die von vielen ForscherInnen als maßgebend betrachtet werden.

- Einen raschen Überblick über die aktuelle Diskussion vermitteln darüber hinaus spezielle oder allgemeine Zeitschriften (mit Themenschwerpunkten), Sammelbände sowie laufende (periodische) Bibliographien (s. Kap. 1).

Vor- und Nachteile des Schneeballsystems

- Vorteil: Schnelles Auffinden der einschlägigen Literatur
- Nachteile:
  - Die zitierten Schriften sind niemals aktueller als die Ausgangs-schrift. Das heißt: Wenn Sie die Literaturliste in einem einschlägigen Handbuch aus dem Jahre 1995 heranziehen, werden Sie nur Literatur finden, die *vor* 1995 erschienen ist.
  - Weniger bekannte Arbeiten werden oftmals nicht erfasst.
  - Gefahr eines „Zitierkartells". Darunter versteht man, dass verschiedene ForscherInnen sich kontinuierlich gegenseitig zitieren, andere AutorInnen aber ignorieren (etwa, weil diese andere Positionen vertreten).

2.2.2 Systematische Literatursuche

Für größere Abschlussarbeiten (wie Diplomarbeiten oder Dissertationen) ist eine systematische bibliographische Suche unumgänglich. Ziel ist die möglichst vollständige Dokumentation des aktuellen Forschungsstands. Hierbei empfiehlt sich folgende Vorgehensweise:

- Den Ausgangspunkt bildet die Recherche in den Onlinekatalogen größerer Bibliotheken oder Bibliotheksverbunde, in Bibliographien, Literaturdatenbanken, Zeitschriften usw. Die Suche in Onlinekatalogen hat den Vorteil, dass Sie in der Regel nur Bücher finden, die Sie auch tatsächlich leicht ausleihen können. Der Nachtteil besteht jedoch darin, dass Sie nur selbstständige Publikationen auffinden, die entsprechend Ihrer Suche verschlagwortet sind, während unselbstständige Publikationen, wie z. B. Zeitschriftenaufsätze oder Beiträge in Sammelbänden, nicht bzw. nur bei aktuelleren Publikationen erfasst werden.
- In einem zweiten Schritt ist es hilfreich, spezielle Bibliographien, z. B. zu einem bestimmten Thema oder einem/einer bestimmten AutorIn, heranzuziehen.
- Den aktuellen Forschungsstand zu einer bestimmten Thematik vermitteln darüber hinaus Dissertationen und Habilitationen sowie aktuelle Rezensionen.
- Über die aktuelle Literatur ist dann wiederum – über das Schneeballsystem – die ältere Literatur erschließbar.

2.2.3 Bewertung der aufgefundenen Literatur

Über die verschiedenen Recherchemethoden haben Sie nun verschiedene Publikationen gefunden, die vom Titel her zu Ihrem Thema zu passen scheinen. Diesen ersten Eindruck sollten Sie vor einer intensiven Lektüre zunächst überprüfen:

- Erstes Sichten der Literatur zur Vermeidung von Zufallslektüren

  - Inhaltsverzeichnis
  - Einleitung: Welches ist der zentrale Untersuchungsgegenstand? Welche Ziele werden von der Autorin bzw. dem Autor mit der Arbeit verfolgt? Welche Methoden kommen zur Anwendung?
  - Register (Sach- und Namensverzeichnis); Literaturverzeichnis
  - Anlesen eines Kapitels: Ist der Text gut lesbar (z. B. stilistisch)? Wie wird argumentiert?

- Erweist sich nach diesem ersten Überblick das Buch als für die Beantwortung der eigenen Fragestellung relevant und hilfreich, kann man sich im nächsten Schritt der intensiven Lektüre und dem nachfolgenden Anfertigen eines Exzerpts widmen (s. Kap. 2.4).

- Stellen Sie hingegen bei dieser ersten Sichtung fest, dass die Publikation nur am Rande mit Ihrer Themenstellung zu tun hat, sollten Sie zunächst andere Publikationen verwenden, deren Bezug zu Ihrer Thematik stärker ausgeprägt ist.

- Allerdings kann eine erste Sichtung der Literatur auch ergeben, dass Ihre eigene Fragestellung bisher nicht klar oder konkret genug formuliert war. In diesem Fall sollte diese zunächst modifiziert bzw. präzisiert werden, bevor mit der (nun auch spezifischeren) Literatursuche und Lektüre fortgefahren wird.

Tipp: Ordnung des Materials

- Im Verlauf des Studiums besteht die Gefahr des Ausuferns des gesammelten Materials (Mitschriften von Vorlesungen, Exzerpte, Thesenpapiere, Seminararbeiten, Kopien, Bücher, PDF-Dateien, E-Books usw.). Umso wichtiger ist folglich neben der Materialbeschaffung die Strukturierung und Ordnung des gesammelten Materials.

- Entwickeln Sie ein eigenes, möglichst flexibles System der Informationsanordnung und Informationsspeicherung. Hilfreich ist hierbei u. a. die Verwendung von Literaturverwaltungsprogrammen, die im folgenden Kapitel vorgestellt werden.

2.3 Software für die digitale Literaturverwaltung

Literaturverwaltungsprogramme ersetzen im digitalen Zeitalter den althergebrachten Kartei- oder Zettelkasten. Sie erleichtern aber nicht nur die Verwaltung der bibliographischen Daten von Aufsätzen, Büchern, Onlinedokumenten, Bildern etc.; sie bieten darüber hinaus Unterstützung bei der Onlineliteratursuche, bei der Organisation von Literatur zu einzelnen Projekten sowie bei der Formatierung der Kurzbelege im Text *(In-Text Citations)*, der Fußnoten und des Literaturverzeichnisses. Auch wenn sich kleinere Arbeiten und Projekte noch gut ohne Literaturverwaltungsprogramme bewältigen lassen, so empfiehlt sich dennoch die frühzeitige Nutzung solcher Programme, um die im Laufe Ihres Studiums verwendete und gelesene Literatur – einschließlich wichtiger Zitate oder Exzerpte – systematisch zu erfassen und für künftige Projekte sowie größere Arbeiten nutzen zu können. Gute Literaturverwaltungsprogramme erfüllen im Wesentlichen folgende Aufgaben (vgl. http://www.id.uzh.ch/cl/zinfo/zinfo0023/kataktuell/jabref.html; Zugriff 4.3.2018):

1. Das Verwalten von bibliographischen Daten in einer Datenbank sowie das Speichern anderer Medien wie PDFs, Bilder, Tondokumente, Videos, Websites usw. gemeinsam mit dem bibliographischen Eintrag.

2. Die Onlinerecherche in Bibliothekskatalogen und Literaturdatenbanken, wie z. B. dem *Philosopher's Index, Project Muse*.

3. Den Austausch (Im- und Export) bibliographischer Daten mit anderen Datenbanken, z. B. um Daten aus einer Literaturdatenbank wie dem *Philosopher's Index* zu importieren oder um Literaturlisten mit KollegInnen im Rahmen eines gemeinsamen Projektes auszutauschen.

4. Das Formatieren von Fußnoten und *In-Text Citations* sowie das Erstellen und Formatieren von Bibliographien auf der Basis veränderbarer Layoutvorlagen. Voraussetzung dafür ist die nahtlose Integration des Programms in gängige Textverarbeitungsprogramme wie Word oder OpenOffice Writer.

5. Darüber hinaus bieten sogenannte Wissensmanagementprogramme wie z. B. Citavi und Lit-Link Möglichkeiten der Wissensorganisation und Aufgabenplanung.

Mittlerweile gibt es eine Reihe guter und leicht zu bedienender Programme, von denen auch einige frei verfügbar sind. Für kostenpflichtige Programme werden häufig günstige Campus-Lizenzen angeboten, die allerdings in der Nutzungsdauer zeitlich beschränkt sein können. Entsprechende Informationen sowie ggf. Kursangebote zu den einzelnen Programmen finden Sie auf der Website Ihrer Universität.

2.3.1 Literaturverwaltungsprogramme im Überblick

* Citavi: http://www.citavi.com
  Kostenpflichtiges, deutschsprachiges Wissensmanagementprogramm, das auch in einer Freeware-Version zur Verfügung steht, die allerdings auf 100 Einträge beschränkt ist. Für die Vollversion gibt es an vielen Universitäten und Hochschulen günstige Campus-Lizenzen. Plattform: Windows.

* EndNote: http://www.endnote.com
  Professionelles, relativ teures Literaturverwaltungsprogramm, das vor allem im angloamerikanischen Raum weit verbreitet ist. Das Programm arbeitet nahtlos mit Word und bietet sehr viele Konfigurationsmöglichkeiten, erfordert aber auch eine etwas aufwendigere Einarbeitung. Viele Universitäten und Hochschulen bieten für Studierende Campus-Lizenzen an. Plattformen: Windows & Mac.

* Lit-Link: http://www.lit-link.ch
  Kostenloses, deutsch- und englischsprachiges Wissensmanagementprogramm, das vom Historischen Seminar der Universität Zürich entwickelt wurde. Es ist relational aufgebaut und ermöglicht neben der Erfassung von bibliographischen Daten auch die Erfassung und Zuordnung von Objekten, Personen und Ereignissen und ist daher in den Geschichts- und Kulturwissenschaften stark verbreitet. Plattformen: Windows & Mac.

* Zotero: http://www.zotero.org
  Freies, quelloffenes, englischsprachiges Literaturverwaltungsprogramm, das als Erweiterung für den Firefox-Browser verfügbar ist und sich sehr gut für webbasierte Gemeinschaftsprojekte eignet. Zusätzlicher Online-Speicherplatz ist allerdings kostenpflichtig. Neben der Browser-Version ist auch eine Standalone-Version verfügbar. Plattformen: Windows, Mac & Linux.

Eine eindeutige Empfehlung für ein Programm lässt sich nicht geben. Ob einem ein bestimmtes Programm gefällt oder nicht, ist nicht zuletzt Geschmackssache. Erkundigen Sie sich, welche Programme in Ihrem Fachbereich oder Umfeld am gängigsten sind; das erleichtert oft schon die Entscheidung. Machen Sie sich auch kundig, welche Programme von Ihrer Universität kostengünstig und langfristig angeboten werden. Im Folgenden soll zur Illustration das Literaturverwaltungsprogramm EndNote kurz vorgestellt werden.

Beispiel: EndNote

Das Programm umfasst drei verschiedene Funktionen:

1. Datenbank (s. Abb. 3)
   - EndNote entspricht in seiner Rohversion im Prinzip einer Sammlung von Karteikarten in elektronischer Form.
   - Es können alle bibliographischen Daten einer Quelle (AutorInnen, HerausgeberInnen, Titel, Zeitschrift, Ort, Verlag, Jahr, URL usw.) bearbeitet und mit Stichworten sowie persönlichen Notizen versehen werden.
   - Darüber hinaus bietet EndNote die Möglichkeit, Textdokumente, PDFs, Bilder, Videos usw. gemeinsam mit dem Dateneintrag abzuspeichern.

2. Automatische Formatierung der Anmerkungen und des Literaturverzeichnisses
   - Alle Literaturbelege werden direkt in den Text oder in die Fußnoten eingefügt.
   - Das Programm übernimmt dann die korrekte Formatierung sowie die Erstellung des Literaturverzeichnisses.
   - Endnote enthält über 1000 verschiedene bibliographische Formate – sogenannte *Styles* –, die selbst nach den eigenen Bedürfnissen angepasst werden können.

3. Recherche in Bibliothekskatalogen und bibliographischen Onlinedatenbanken
   - Von EndNote aus lassen sich die Kataloge fast aller Universitätsbibliotheken sowie viele Literaturdatenbanken wie z. B. der *Philosopher's Index* direkt online abfragen – vorausgesetzt, dass Ihre Universität Ihnen einen entsprechenden lizenzierten Zugang zur Verfügung stellt.
   - Die Suchergebnisse werden automatisch und ohne Eintippen in die Datenbank übernommen.
   - Falls die Direktabfrage einer Datenbank nicht möglich ist, können die gespeicherten Suchergebnisse mit Hilfe von Filtern importiert werden.

2.3.2 Tipps zum Umgang mit Literaturverwaltungsprogrammen

Bei der Verwendung von Literaturverwaltungsprogrammen sind folgende grundsätzliche Handlungsweisen zu empfehlen:

- Speichern Sie kontinuierlich alle Quellen, die Sie – z. B. im Zusammenhang mit einer Seminararbeit – benutzt und eingesehen haben. Im Laufe

Abbildung 3: Endnote-Datenbank

Ihres Studiums erhalten Sie auf diese Weise eine umfangreiche Datenbank, die zugleich Ihren persönlichen Wissensstand widerspiegelt.

- Entscheidend ist, dass Sie die Daten immer vollständig und einheitlich eintragen. Auch wenn Sie Daten automatisch aus einer anderen Datenbank importieren, müssen Sie Ihre Daten in der Regel immer nochmals aufarbeiten. Eine schlampig geführte Datenbank wird schnell wertlos.

- Übernehmen Sie nicht einfach ungesehen Datensätze aus anderen Datenbanken, sondern versuchen Sie, die Datensätze Ihren eigenen Zwecken anzupassen.

- Entscheidend ist letztlich die Qualität Ihrer Daten, z.B. ob Sie die Datensätze mit Stichworten, Anmerkungen, Querverweisen usw. versehen haben, nicht die bloße Quantität. Nur strukturierte und gut aufbereitete Daten enthalten einen Informationswert!

2.4 Lesen und Exzerpieren

Gerade philosophische Texte bereiten den meisten Studierenden zu Beginn Schwierigkeiten – nicht nur wegen der in der Regel noch nicht bekannten Fachterminologie, sondern darüber hinaus auch wegen des oftmals nicht gerade leicht verständlichen Stils bzw. Satzbaus philosophischer AutorInnen sowie aufgrund des hohen Abstraktheitsgrades philosophischer Überlegungen. Diese Verständnisschwierigkeiten gehen für Sie natürlich mit weiteren Problemen einher – so werden Sie sich schlechter an die Inhalte des Gelesenen erinnern und können diese Inhalte daher auch kaum adäquat wiedergeben, von einer gedanklichen Verarbeitung des Gelesenen ganz zu schweigen.

Entsprechend gehört es zu den ersten Aufgaben am Beginn des Studiums, die verschiedenen Lesestrategien einzuüben. Auch wenn hierbei im Laufe des Studiums das kursorische Lesen (s. Kap. 2.4.4) oft zur Anwendung kommen wird (etwa bei der ersten Bewertung der Literatur, s. Kap. 2.2.3), so gilt es doch zunächst und vor allem, das – von der Lektüre etwa einer Zeitung deutlich unterschiedene – langsame, den Argumentationsverlauf erfassende Lesen zu erlernen.

2.4.1 Häufige Fehler bei der Lektüre

Da philosophische Texte oft dicht und komplex verfasst sind, stellen sie gerade am Anfang des Studiums eine große Herausforderung dar. Einige Fehler sind dabei besonders typisch:

- Undifferenziertes Lesen, ohne klare Fragestellung und Motivation: Das heißt natürlich nicht, dass prinzipiell jede Lektüre von einer klaren Fragestellung geleitet sein muss und sollte. Wenn ich aber z. B. in einem Seminar eine Arbeit über John Stuart Mills Freiheitsprinzip verfassen möchte, dann werde ich mich vor dem Hintergrund dieser Fragestellung erstens auf Mills Schrift *Über die Freiheit* konzentrieren und zweitens bei der Lektüre vor allem auf jene Stellen achten, in denen das Freiheitsprinzip thematisiert wird.

- Ungeduld: Häufig führt das (vorläufige) Nichtverständnis des Textes zur vorzeitigen Beendigung der Lektüre. Hier gilt: Lassen Sie sich nicht vorschnell entmutigen! Viele philosophische Texte erschließen sich einem erst nach der zweiten oder dritten Lektüre.

- Voreingenommene Haltung gegenüber bestimmten AutorInnen – im negativen wie im positiven Sinne: Dies verhindert in der Regel eine ernsthafte Auseinandersetzung mit den Thesen und Argumenten der AutorInnen u. a. mit dem Effekt, dass bestimmte Argumente ungeprüft übernommen und andere verworfen werden.

- Kopieren statt Lesen: Tatsächlich besteht ein häufiger Fehler darin, dass man Texte zwar voller Elan kopiert bzw. scannt, dann aber niemals liest. Umberto Eco beschreibt diese Verhaltensweise sehr anschaulich:

Vorsicht: Fotokopien können zum Alibi werden! Fotokopien sind ein unerläßliches Hilfsmittel, sei es, um einen in der Bibliothek schon gelesenen Text zur Verfügung zu haben, sei es, um einen noch nicht gelesenen Text mit nach Hause zu nehmen. Aber oft werden Fotokopien als Alibi verwendet. Man trägt hunderte von Fotokopien nach Hause, man hat ein Buch zur Hand gehabt und mit ihm etwas unternommen und glaubt darum, es gelesen zu haben. Der Besitz der Fotokopien erspart die Lektüre. Das passiert vielen. Eine Art Sammel-Rausch, ein Neo-Kapitalismus der Information. Setzt euch gegen die Fotokopie zur Wehr. Habt ihr sie, so lest sie sofort und verseht sie mit Anmerkungen. (Eco 2010, 162)

Tipp: Wenn Sie Kopien oder Exzerpte anfertigen, vergessen Sie nicht, die genauen Quellen anzugeben. Kopieren Sie immer auch Titelblatt, Inhaltsverzeichnis sowie Anmerkungen und Literaturangaben. Kontrollieren Sie immer auf Vollständigkeit. Achten Sie auf ausreichend breiten Rand, sodass kein Text „abgeschnitten" wird!

2.4.2 Vorbereitung der Lektüre

Bevor Sie mit dem Lesen eines Textes beginnen, sollten Sie sich mit Hilfe der Beantwortung einiger weniger Fragen auf diese Lektüre vorbereiten.

- Klarheit über die eigenen Fragestellungen: Welches Ziel verfolge ich mit meiner Lektüre?
- Formulierung von Fragen an den Text: Worauf erhoffe ich mir Antworten? Recherchiere ich etwa für eine Seminararbeit, werde ich hoffen, dass mir verschiedene Aspekte des von mir zu behandelnden Themas klarer werden. Bin ich hingegen noch auf der Suche nach einem Thema, erhoffe ich mir Anregungen bzw. Hinweise auf eine für mich interessante Fragestellung.

2.4.3 Analyse des Textes

Einen Text zu lesen bedeutet, den Textinhalt systematisch zu erfassen. Folgende Fragen können bei der Analyse des Textes Hilfestellungen bieten:

1. Verortung des Textes:
   - In welchen Themenbereich der Philosophie gehört dieser Text?
   - In welchem größeren Zusammenhang steht der Text (übergreifende Fragen und Probleme)?
   - Welcher philosophischen Strömung kann der Text zugerechnet werden?

2. Erstes Erfassen von Inhalt und Argumentation:

- Welche Fragestellung und Zielsetzung verfolgt die Autorin bzw. der Autor?
- Welche Begriffe werden in den Mittelpunkt gestellt? Wie werden sie definiert und verwendet?
- Wie ist die Argumentation aufgebaut? Welche Belege verwendet die Autorin bzw. der Autor zur Begründung der Argumente?
- Findet eine Auseinandersetzung mit anderen Positionen statt?

3. Worin besteht die zentrale These, Behauptung oder Konklusion des Textes?

4. Wie ist der Text zu beurteilen?

- Inhaltlich: Ist die These einsichtig, wird sie ausreichend belegt? Werden die zentralen Begriffe kohärent verwendet?
- Methodisch: Ist die Argumentation schlüssig, bauen die Textteile aufeinander auf? Gibt es Widersprüche zwischen verschiedenen Kernaussagen? Werden Gegenmeinungen, Einwände oder andere Positionen einer adäquaten Untersuchung für wert befunden?

2.4.4 Arten des Lesens

Hinsichtlich des Lesens lassen sich zwei Arten differenzieren, die sich je nach Zielsetzung und Vorgehensweise unterscheiden (vgl. hierzu ausführlich Stary u. Kretschmer 1999, 60–69).

Kursorisches Lesen

Bei der kursorischen Lektüre geht es vor allem darum, sich entweder einen Überblick über den Text zu verschaffen oder aber spezifisch nach bestimmten Themen oder Begriffen zu suchen.

- Ziel:
  - Erster Überblick über den gesamten Text
  - Entscheidung für oder gegen eine intensivere Lektüre des Textes
  - Auffinden wichtiger Thesen, Definitionen o. Ä. für die weitere Bearbeitung
- Vorgehensweise:
  - Achten Sie auf „Signale" der AutorInnen, z. B.: „Mein Thema ist …", „Die Analyse beschäftigt sich mit …", „Der folgende Begriff …" usw. Manchmal werden auch besonders wichtige Passagen von den AutorInnen selbst durch Kursivierung hervorgehoben.
  - Konzentrieren Sie sich auf die Suche nach Schlüsselbegriffen während des Überfliegens der Seiten.

- Lesen Sie stichprobenartig den Text, sobald Sie einen Schlüsselbegriff oder ein Signalwort gefunden haben.

Intensives Lesen

Wenn Sie sich mit einem Text vertraut gemacht und diesen für eine genauere Lektüre ausgewählt haben, können Sie zum nächsten Schritt, dem intensiven Lesen dieses Textes, übergehen.

- Ziel:
  - Erfassen der Problemstellung
  - Systematisches Erarbeiten der zentralen Thesen und der Argumente des Textes
  - Kritische Hinterfragung des Gelesenen
- Vorgehensweise:
  - Markieren Sie wichtige Begriffe und Textpassagen und machen Sie sich Notizen.
  - Entwickeln Sie ein eigenes Markierungssystem.
    Es seien hier nur einige mögliche Kürzel und Abkürzungen genannt:
    ! = wichtig, ? = unklar, Pb = Problem, Def = Definition, Th = These, Zit = soll zitiert werden, Bsp. = Beispiel, ⟷ = Widerspruch usw.
  - Überlegen Sie sich Zwischenüberschriften und Stichworte für die einzelnen Absätze oder Passagen.
  - Arbeiten Sie die im Text verwendeten Fachbegriffe mit Hilfe von Lexika und Nachschlagewerken auf.
  - Versuchen Sie abschließend, die zentralen Aussagen des Textes (Thema, These und Intention des Textes) in wenigen Sätzen zusammenzufassen.

2.4.5 Exzerpieren

Wenn Sie einen Text für eine schriftliche Arbeit verwenden wollen, reicht es in der Regel nicht, ihn zu *lesen*, sondern Sie müssen ihn in einem zweiten Schritt auch *aufbereiten*. Wichtig ist in diesem Zusammenhang, dass weder das Verfassen eines Konspekts noch jenes eines Exzerpts etwas mit dem *Abschreiben* von Texten zu tun haben, sondern – wenn auch in verschiedener Form – das Erfassen und Aufarbeiten des Gelesenen beinhalten. Daher sollte auch in beiden Fällen der Anteil an Paraphrasen, das heißt Wiedergaben des gelesenen Inhalts in eigenen Worten, den Anteil an Zitaten aus diesem Text bei weitem überwiegen. Denn nur wenn Sie einen Gedanken in eigenen Worten wiedergeben können, haben Sie auch eine Auseinandersetzung mit dem Gelesenen vorgenommen.

Konspekt

Beim Erstellen eines Konspekts geht es vorrangig darum, den Inhalt des gelesenen Textes in komprimierter Form zusammenzufassen.

- Ziel:
  - Schriftliche Inhaltsangabe
  - Fragestellung, Verlauf der Argumentation und zentrale Aussagen sollen knapp und übersichtlich zusammengefasst werden.
- Vorgehensweise:
  - Möglichst knappe Formulierung des Inhalts in eigenen Worten
  - Gliederung nach der Struktur der Textvorlage
  - Wörtliche Übernahme zentraler Passagen, z. B. von Definitionen

Exzerpt

Das Exzerpt stellt, im Unterschied zum Konspekt, bereits eine Aufbereitung und Kommentierung der Inhalte des gelesenen Textes dar.

- Ziel:
  - Spezieller Inhaltsauszug mit Konzentration auf das eigene Forschungsinteresse
  - Vermerk von eigenen Gedanken sowie von Fragen und Kritik
  - Kritischer Nachvollzug der Gedankengänge des Autors bzw. der Autorin
  - Vorbereitung für das Verfassen des eigenen Textes
- Vorgehensweise:
  - Skizzierung der Argumentationslinien in eigenen Worten (Paraphrase)
  - Wörtliche Übernahme von für die eigene Arbeit relevanten Passagen, die voraussichtlich zitiert werden
  - Vermerk und erste Ausformulierung von Rückfragen, Kritikpunkten und eigenen Überlegungen

> **Tipp:** Beginnen Sie mit der Arbeit an einem Konspekt oder Exzerpt erst nach einer ersten *vollständigen* Lektüre des Textes. Denn erst dann wissen Sie, an welcher Stelle zentrale Fragestellungen, Thesen, Definitionen usw. prägnant formuliert werden.

Achten Sie beim Erstellen von Konspekten/Exzerpten auf folgende Aspekte:

- Machen Sie eindeutig kenntlich, ob es sich um ein Zitat oder eine Paraphrase handelt.
- Notieren Sie sich immer die genaue Quellenangabe mit Seitenzahl – unabhängig davon, ob Sie paraphrasiert oder zitiert haben, um die Stellen leicht wieder auffinden bzw. die Zitate kontrollieren zu können.

• Wenn Sie ein Zitat abschreiben, vermerken Sie dazu, in welchem Kontext dieses Zitat steht, um eine Verzerrung der Argumentation des Autors/der Autorin zu verhindern. Klaus Poenicke zeigt auf, wie es zu solchen verzerrten Darstellungen kommt und welche Problematik mit ihnen einhergeht:

> Eine andere Form unzureichender Aufarbeitung des Gelesenen ist jenes ‚wissenschaftliche' Schnellverfahren, bei dem aus dem komplexen Argumentationsgefüge einer Quelle hastig einige Einzelpassagen herausgezogen und in Form dubioser Zitatpröbchen der eigenen Fragestellung zugeordnet werden. Diese Taktik des Zitierens führt meist zu einer erheblichen Verkürzung der ursprünglichen Argumentation. Sie täuscht darüber hinaus auch eine umfassendere Literaturerarbeitung vor, als tatsächlich geleistet worden ist. (Poenicke 1988, 19)

2.5 Konzept, Gliederung und Zeitplan

Sobald wir beginnen, an einem Konzept und einer Gliederung des zu verfassenden wissenschaftlichen Textes zu arbeiten, gehen wir von den wichtigen und aufwendigen, aber letztlich doch „nur" vorbereitenden Schritten der Themenwahl, Materialsammlung, Lektüre und Aufarbeitung des Materials erstmals in Richtung der *Darstellung* dessen, was wir uns bisher erarbeitet haben, über.

„Erstmals" und „bisher" wurden deshalb im vorausgegangenen Satz als relativierende Formulierungen verwendet, da es sich im Laufe des Verfassens einer (größeren) schriftlichen Arbeit nicht selten herausstellt, dass sowohl eine (vertiefende) Lektüre vorgenommen werden muss als auch Konzept und Gliederung einer Überarbeitung bedürfen.

Letzteres sollte Sie aber keinesfalls davon abhalten, trotzdem bereits zu Beginn ein Konzept inklusive Gliederung zu entwerfen. Denn zum einen ist ein solches Konzept hilfreich für eine erste Strukturierung der Gedanken, zum anderen ermöglicht oftmals gerade erst ein möglichst konkretes Auflisten der inhaltlichen wie methodischen Arbeitsschritte, diese im Verlauf des Arbeitens als falsch, unproduktiv, zu weit führend, im vorgegebenen Zeitraum nicht bearbeitbar o. Ä. erkennen zu können.

2.5.1 Inhaltliche Gliederung der Arbeit

Wie die jeweilige Gliederung Ihrer Arbeit konkret aussieht bzw. aussehen sollte, hängt von vielen verschiedenen Faktoren ab – etwa vom Umfang der Arbeit, von den Anforderungen an die Arbeit (z. B. Proseminararbeit oder Dissertation), davon, ob Sie sich z.B. mit dem Werk eines Philosophen/einer Philosophin auseinandersetzen, die Ansätze mehrerer AutorInnen vergleichen oder die Verwendung eines bestimmten Begriffs in der

Philosophiegeschichte untersuchen. Verallgemeinernde Aussagen lassen sich daher kaum treffen. Wichtig ist aber in jedem Fall, dass bereits über die gewählte Gliederung und die Kapitelüberschriften Aufbau, Inhalt und Methode Ihrer Arbeit deutlich werden. Kurz gesagt:

- Die LeserInnen sollten bereits über die Gliederung einen Eindruck davon bekommen, worin Ihre Fragestellung besteht, welches Thema Sie in welcher Form bearbeiten und worauf Ihre Arbeit hinauslaufen soll.

- Die Kapitelüberschriften sollten so formuliert werden, dass sie einen klaren Hinweis auf den Inhalt des Kapitels geben.

- Die einzelnen Kapitel sollten weder zu wenig untergliedert sein (da die LeserInnen sich dann keinen Überblick über die wesentlichen Inhalte Ihres Textes verschaffen können) noch zu stark (da hierdurch der Überblick aufgrund der zu starken Segmentierung verloren geht).

2.5.2 Konzept (Exposé)

Die Ausarbeitung eines Konzepts empfiehlt sich vor allem bei umfangreicheren Arbeiten (in der Regel ab der Bachelorarbeit). Es enthält grundsätzlich dieselben Elemente wie die spätere Einleitung der Arbeit (s. Kap. 4.4.6), auch wenn die Einleitung in der Regel erst nach Fertigstellung der Arbeit verfasst wird bzw. ihre endgültige Form erhält. Das Konzept umfasst folgende Elemente (vgl. Franck 2011, 173):

1. Genaue Fragestellung oder Arbeitshypothese: Was ist meine Fragestellung und Zielsetzung? Welches Erkenntnisinteresse verfolge ich mit meiner Arbeit?

2. Darstellung des aktuellen Forschungsstands: Inwiefern ist meine eigene Fragestellung in die aktuelle Fachdiskussion eingebettet?

3. Materialauswahl: Welches Material, welche Texte werden herangezogen und warum?

4. Methodisches Vorgehen: Welche Methoden kommen zum Einsatz? Auf welche theoretischen Ansätze wird zurückgegriffen?

5. Darstellung der Gliederung der Arbeit: Wie ist die Argumentation aufgebaut? Wie gliedert sich der Text und warum?

2.5.3 Zeitplan

Besonders im Fall von größeren Projekten, wie etwa einer Masterarbeit oder Dissertation, ist ein Zeitplan unerlässlich. Folgende Hinweise sind dabei zu berücksichtigen:

- Erarbeiten Sie möglichst früh einen konkreten Zeitplan. Je umfassender die Arbeit ist, desto detaillierter sollte der Zeitplan konzipiert werden (Zeit für Literaturrecherche sowie -aufarbeitung, für die Arbeit an den einzelnen Kapiteln, für Überarbeitungsphasen, Endredaktion usw.).

- Berücksichtigen Sie dabei mögliche „Ausfälle" oder Erholungsphasen – und auch „Unvorhergesehenes" (z. B. Computerabsturz, Datenverlust usw.).

Zusammenfassung der Arbeitsschritte

Themenfindung

- Erste Formulierung einer Arbeitshypothese

Literatursuche und Materialsammlung

1. Ermittlung der allgemeinen themenspezifischen Literatur („Schneeballsystem"):
   - Allgemeine Nachschlagewerke
   - Fachspezifische Lexika und Handbücher
   - Einführungen zu bestimmten Personen, Disziplinen oder Strömungen
2. Ermittlung der einschlägigen Literatur zum Thema:
   - Monographien
   - Sammelbände
   - Zeitschriftenartikel

Erste Bewertung und Lektüre der aufgefundenen Literatur

- Sichten der Literatur
- Lektüre und Exzerpieren

Konkretisierung der Fragestellung

- Klarwerden über die eigene Fragestellung und Motivation
- Eingrenzung des Themas
- Ordnung, Auswahl und Bewertung der bisher gefundenen Literatur aufgrund der konkretisierten Themenstellung

Verfeinerte/systematische Literatursuche

- Schlagwortkataloge der Bibliotheken, Bibliographien, Datenbanken, Zeitschriften, Kongressberichte usw.

Inhaltliche Gliederung der Arbeit

- Entscheidung über genaue Fragestellung, Auswahl der Literatur und Methode
- Strukturierung der Elemente der Arbeit
- Entwicklung eines roten Fadens für die Argumentation
- Verfassen eines Konzepts

Erstellung eines Zeitplans

3 Zum richtigen Umgang mit Literatur

Da schriftliche Arbeiten im Rahmen des Philosophiestudiums in Auseinandersetzung mit den Gedanken anderer verfasst werden, muss diese Auseinandersetzung auch dokumentiert werden. Das heißt, man muss in der eigenen Arbeit angeben, welche Überlegungen von welchen Personen herangezogen wurden und wo diese Überlegungen nachzulesen sind. Für diese Dokumentation gibt es in der Philosophie, wie in anderen Fächern auch, bestimmte Regeln, denen wir uns in diesem Kapitel widmen. Da es aber nicht nur eine einzige korrekte Weise des Zitierens bzw. der Quellenangabe gibt, werden wir an den entsprechenden Stellen auch mögliche Alternativen nennen. Wichtig ist in diesem Zusammenhang jedenfalls, dass Sie die gewählte Alternative im gesamten Text einheitlich verwenden.

3.1 Unterschiedliche Typen von Quellen

Als „Quellen" gelten alle für eine Untersuchung benutzten Materialien (Texte, Ton- und Bildmaterialien usw.). In der Philosophie sind dies in erster Linie Texte. Dabei wird zwischen Primär- und Sekundärliteratur unterschieden (vgl. Poenicke 1988, 129):

Unter **Primärliteratur** versteht man Texte oder sonstiges Datenmaterial (Statistiken, Interviews, audiovisuelle Aufzeichnungen), die Gegenstand unserer wissenschaftlichen Arbeit sind, die wir also im Rahmen unserer schriftlichen Arbeit näher untersuchen. In der Philosophie haben wir hierbei vor allem mit Texten zu tun (z. B. die Werke Kants).

Bei **Sekundärliteratur** handelt es sich um Texte, in denen sich AutorInnen mit den Primärquellen beschäftigen, diese analysieren und interpretieren (z. B. Interpretationen von Kants *Kritik der reinen Vernunft*). In der Regel wird Ihre eigene Interpretation, z.B. der *Kritik der reinen Vernunft*, zu einem wesentlichen Teil auf der Lektüre von Sekundärliteratur beruhen. Das Zitieren von Sekundärliteratur dient daher zunächst dem Zweck, zu belegen, auf wessen Ausführungen Ihre eigenen Überlegungen zurückgreifen. Zudem wird Sekundärliteratur zitiert, um verschiedene Interpretationen zu dokumentieren und in der Folge für die eine oder andere zu argumentieren.

Darüber hinaus unterscheidet man zwischen selbstständigen und unselbstständigen Publikationen.

Selbstständige Publikationen

Selbstständige Publikationen sind dadurch gekennzeichnet, dass sie – unabhängig vom Umfang – als „Ganzes" gesehen werden. Dass es sich um eine selbstständige Publikation handelt, erkennen Sie unter anderem daran, dass die Publikation über ein eigenes Titelblatt (in der Regel mit Jahres-, Orts- und Verlagsangabe) verfügt (vgl. Poenicke 1988, 150). Typische Beispiele sind:

- Bücher (Monographien usw.)
- Sammelbände
- Lexika
- Zeitschriften

Unselbstständige Publikationen

Von unselbstständigen Publikationen spricht man dann, wenn sie als *Teil* einer selbstständigen Publikation erschienen sind, wie z. B.:

- Kapitel eines Buches
- Einzelne Beiträge in einem Sammelband
- Lexikonartikel
- Aufsätze in einer Zeitschrift

Im Folgenden geben wir zunächst einen Überblick über die notwendigen Elemente einer Quellenangabe, unterschieden nach Publikationstyp (Monographie, Sammelband, Aufsatz usw.).

3.1.1 Quellenangabe bei selbstständigen Publikationen

Monographie bzw. VerfasserInnenschrift

- VerfasserIn(nen)
- Titel und ggf. Untertitel des Werks (kursiv)
- Weitere Angaben zu HerausgeberIn(nen), ÜbersetzerIn(nen) und BearbeiterIn(nen) (entsprechend der Titelei)

  Übers., hg. u. m. einer Einl. versehen v. Max Müller.
  Übers. v. Maria Müller unter Mitarbeit v. Monika Maier.

- Auflage
- Verlagsort

- Verlagsname
  In Bezug auf die Nennung des Verlags gehen die Meinungen auseinander: Manche lehnen eine solche ab (etwa mit dem Argument, dass
  man keine Werbung für Verlage machen wolle, oder, pragmatischer,
  mit dem Hinweis, dass die Angabe des Verlags schlicht nicht nötig
  sei). Andere hingegen halten diese Information für durchaus hilfreich
  (u. a., weil beispielsweise Berlin oder Frankfurt am Main der Sitz vieler
  verschiedener Verlage sind; aber auch, weil der Verlag teilweise bereits
  erste Hinweise auf Art und auch Qualität der Publikation liefert). Wir
  schließen uns Letzterem an.
- Erscheinungsjahr
- Reihe (optional)
- Zusatzinformationen in eckigen Klammern, wie z. B. Originaltitel (bei
  Übersetzungen), Erstauflage usw. (optional).

> Name, Vorname: *Titel. Untertitel.* Weitere Angaben zu Herausge-
> berIn, ÜbersetzerIn usw. Auflage. Erscheinungsort(e): Verlag
> Jahr (= Reihe) [Zusatzinformationen].

Aristoteles: *Die Kategorien.* Griechisch/Deutsch. Übers. u. hg. v. Ingo W.
  Rath. Stuttgart: Reclam 1998.

Ricken, Friedo: *Philosophie der Antike.* 4., überarb. u. erw. Aufl. Stuttgart: Kohlhammer 2007 (= Grundkurs Philosophie 6).

Butler, Judith: *Gefährdetes Leben. Politische Essays.* Übers. v. Karin
  Wördemann. Frankfurt am Main: Suhrkamp 2005 [engl. Ausg.:
  Precarious Life. The Politics of Mourning and Violence. London:
  Verso 2004].

Sammelband

> Name, Vorname (Hg.): *Titel. Untertitel.* Weitere Angaben zu Über-
> setzerIn usw. Auflage. Erscheinungsort(e): Verlag Jahr (=
> Reihe) [Zusatzinformationen].

Kopperschmidt, Josef; Schanze, Helmut (Hg.): *Nietzsche oder „Die
  Sprache ist Rhetorik".* München: Fink 1994 (= Figuren Bd. 1).

Butler, Judith; Scott, Joan W. (Hg.): *Feminists Theorize the Political.*
  London/New York: Routledge 1992.

3.1.2 Quellenangabe bei unselbstständigen Publikationen

Beitrag in einem Sammelband

- VerfasserIn(nen)
- Titel und Untertitel des Aufsatzes/Artikels (in Anführungszeichen)
- HerausgeberIn(nen)
- Titel des Sammelwerkes (kursiv)
- Weitere Angaben (entsprechend dem Titelblatt): ÜbersetzerIn(nen), BearbeiterIn(nen)
- Auflage
- Verlagsort
- Verlagsname
- Erscheinungsjahr
- Seitenangaben: erste und letzte Seite des Artikels, z.B. S. 120–153.
- Reihe (optional)
- Zusatzinformationen in eckigen Klammern (optional)

> Name, Vorname: „Titel. Untertitel", in: Name, Vorname (Hg.): *Titel. Untertitel.* Weitere Angaben zu ÜbersetzerIn usw. Auflage. Erscheinungsort(e): Verlag Jahr (= Reihe), Seitenangabe [Zusatzinformationen].

Seel, Martin: „Medien der Realität und Realität der Medien", in: Krämer, Sybille (Hg.): *Medien, Computer, Realität. Wirklichkeitsvorstellungen und Neue Medien.* 2. Aufl. Frankfurt am Main: Suhrkamp 2000, 244–268.

Kapitel in einer Monographie

> Name, Vorname: „Titel. Untertitel", in: Dies./Ders.: *Titel. Untertitel.* Weitere Angaben zu HerausgeberIn, ÜbersetzerIn usw. Auflage. Erscheinungsort(e): Verlag Jahr (= Reihe), Seitenangabe [Zusatzinformationen].

Taylor, Charles: „Bedeutungstheorien", in: Ders.: *Negative Freiheit? Zur Kritik des neuzeitlichen Individualismus.* Übers. von Hermann Kocyba. Mit einem Nachw. von Axel Honneth. 2. Aufl. Frankfurt am Main: Suhrkamp 1995, 52-117.

Searle, John: „Metapher", in: Ders.: *Ausdruck und Bedeutung. Untersuchungen zur Sprechakttheorie*. Übers. v. Andreas Kemmerling. Frankfurt am Main: Suhrkamp 1982, 98–138.

Zeitschriftenartikel

- VerfasserIn(nen)
- Titel und Untertitel des Artikels (in Anführungszeichen)
- Titel der Zeitschrift (kursiv)
- Band bzw. Jahrgang und ggf. Heftnummer
- *Keine* Angabe von Ort und Verlag
- Erscheinungsjahr
- Seitenangaben: erste und letzte Seite des Artikels
- Zusatzinformationen in eckigen Klammern (optional)

Name, Vorname: „Titel. Untertitel", in: *Zeitschriftentitel* Band (Heft), Jahr, Seitenangabe [Zusatzinformationen].

Siep, Ludwig: „Ethik und Menschenbild", in: *Information Philosophie* 5, 1999, 7–21.

Hirschauer, Stefan: „Dekonstruktion und Rekonstruktion. Plädoyer für die Erforschung des Bekannten", in: *Feministische Studien* 11 (2), 1993, 55–67.

Presseartikel

- VerfasserInnen, sofern angegeben
- Genaues Erscheinungsdatum
- Hinweis auf Nummer (optional)
- Beilagen gesondert vermerken
- Ist kein Autor bzw. keine Autorin angegeben, dann wird die Literaturangabe unter dem Titel im Literaturverzeichnis eingeordnet.

Odenahl, Bernhard: „Das Web im Wald", in: *Die Presse* 7. Mai 2011, Wochenendbeilage Spectrum, I f.

Pohl, Ronald: „Mit der Prosa durch die Wand", in: *Der Standard* 6./7. August 2011, 23.

Rebhandel, Bert: „Der perforierte Jesus", in: *Der Standard* 13./14. März 2004, Wochenendbeilage Album, A1–A2.

Internetbeitrag

Internetpublikationen müssen wie alle anderen Publikationen zitiert werden. In formaler Hinsicht problematisch ist die Unbeständigkeit der Dokumente (diese können durch AutorInnen und AdministratorInnen rasch verändert, „verschoben" oder ganz aus dem Netz genommen werden).

Tipp: Speichern Sie das Dokument als PDF für den Fall, dass der Artikel später nicht mehr online verfügbar sein sollte.

Um die Auffindbarkeit der Internetbeiträge zu erleichtern, sollte die Quellenangabe möglichst umfassend sein:

*   Exakte URL (Uniform Resource Locator)
*   Veröffentlichungsdatum und letzte Aktualisierung der Website (sofern angegeben)
*   Zugriffsdatum, an dem man die Website tatsächlich eingesehen hat: (Zugriff + Datumsangabe)
*   Bei Wiederveröffentlichungen: bibliographische Angabe der Originalpublikation

> Harnack, Andrew; Kleppinger, Gene: „Beyond the MLA Handbook: Documenting Electronic Sources on the Internet", in: *Kairos* 1 (2), Summer 1996, http://kairos.technorhetoric.net/1.2/inbox/mla_archive.html, last revision 10.06.1996 (Zugriff 4.2.2018).

> Bromme, Rainer; Rambow, Riklef: „Die Verbesserung der mündlichen Präsentation von Referaten: Ein Ausbildungsziel und zugleich ein Beitrag zur Qualität der Lehre", in: *Das Hochschulwesen* 41 (6), 1993, 289–297, https://www.uni-muenster.de/PsyIFP/AEBromme/lehre/leitfaden/referate.html (Zugriff 4.2.2018).

Weitere Besonderheiten, die sich bei der Zitierung von Internetquellen ergeben, sind:

*   Sind die AutorInnen nicht bekannt, wird der Artikel unter dem Titel eingeordnet.

> „Ludwig Wittgenstein", in: *Wikipedia. Die freie Enzyklopädie*, http://de.wikipedia.org/wiki/Wittgenstein, letzte Aktualisierung 24.1.2018 (Zugriff 4.2.2018).

- Ist die URL nicht eindeutig oder sehr komplex, so gibt man neben der URL auch den Pfad an, auf dem man mit Hilfe von Hyperlinks oder der internen Suchmaschine zu der entsprechenden Seite gelangt.

> Nastali, Dan: „Searching for Arthur: Literary Highways, Electronic Byways, and Cultural Back Roads", in: *Arthuriana* 11 (4), 2001, 108–122, Abstract, http://www.smu.edu/arthuriana (Zugriff 4.2.2018, Pfad: Abstracts, K–O).

- Ist der Artikel nicht mehr online, sollte er in der Regel wegen mangelnder Überprüfbarkeit auch nicht mehr zitiert werden. Erscheint die Verwendung dennoch unerlässlich, so ist im Literaturverzeichnis zu vermerken, dass dieser Artikel nicht mehr abrufbar ist.

> Lohse, Kerstin; Windfuhr, Michael: „Arbeitstechniken/Hausarbeiten/ Referate", überarb., erw. u. in HTML umges. v. Andreas Busch, 1997, http://www.rzuser.uni-heidelberg.de/%7Ebp7/ Handreichung.html#toc1 (Zugriff 18.9.2007) [Link ist nicht mehr aktiv].

Rezension

> Mehring, Reinhard: „Rezension zu Friedrich Kittler: *Unsterbliche. Nachrufe, Erinnerungen, Geistergespräche*. Stuttgart: Fink 2004", in: H-Soz-u-Kult, 03.11.2004, https://www.hsozkult.de/ publicationreview/id/rezbuecher-5036 (Zugriff 4.2.2018).

Beitrag in einem Lexikon

Viele Einträge in größeren Lexika sind von ausgewiesenen AutorInnen verfasst und namentlich gezeichnet. In diesem Fall wird der Artikel oder Eintrag wie ein Beitrag in einem Sammelband angeführt.

> Weinrich, Harald: „Metapher", in: Ritter, Joachim; Gründer, Karlfried (Hg.): *Historisches Wörterbuch der Philosophie*. Bd. 5. Basel: Schwabe 1980, 1179–1186.

3.1.3 Quellenangaben im Detail

Neben den zuvor beschriebenen grundsätzlichen Unterschieden des Angebens von Quellen in Abhängigkeit vom Publikationstyp sind noch die folgenden, detaillierteren Regeln hinsichtlich der verschiedenen Elemente einer Quellenangabe, wie VerfasserInnen, Titel, verwendete Auflage usw., zu beachten.

VerfasserIn/HerausgeberIn/UrheberIn

- Vornamen werden ausgeschrieben.
- Titel oder akademische Grade werden nicht genannt.
- Im Literaturverzeichnis werden immer alle VerfasserInnen (AutorInnen) genannt. Die Namen werden dabei beispielsweise durch Schrägstrich oder Semikolon getrennt. Vgl. die verschiedenen Varianten:

Krämer, Walter; Trenkler, Götz; Krämer, Denis: *Das neue Lexikon der populären Irrtümer*. Frankfurt am Main: Eichborn 1998.

Krämer, Walter/Trenkler, Götz/Krämer, Denis: *Das neue Lexikon der populären Irrtümer*. Frankfurt am Main: Eichborn 1998.

Krämer, Walter, Götz Trenkler u. Denis Krämer: *Das neue Lexikon der populären Irrtümer*. Frankfurt am Main: Eichborn 1998.

Wie man an dieser letzten Variante sieht, ist die Vorreihung des Nachnamens grundsätzlich nur beim ersten Autor zwingend, da nur der Nachname dieses ersten Autors das Ordnungswort für das Literaturverzeichnis darstellt.

- Werden neben VerfasserIn noch HerausgeberIn und/oder ÜbersetzerIn genannt, so werden diese *nach* dem Titel aufgeführt (ÜbersetzerIn nach HerausgeberIn).

Wittgenstein, Ludwig: *Vortrag über Ethik und andere kleine Schriften*. Hg. v. Joachim Schulte. Frankfurt am Main: Suhrkamp 1989.

Derrida, Jacques: *Positionen*. Hg. v. Peter Engelmann. Übers. v. Dorothea Schmidt unter Mitarbeit v. Astrid Wintersberger. 2., überarb. Aufl. Wien: Passagen 2009.

Rawls, John: *Geschichte der Moralphilosophie. Hume – Leibniz – Kant – Hegel*. Hg. v. Barbara Herman. Übers. v. Joachim Schulte. Darmstadt: Wissenschaftliche Buchgesellschaft 2002 [engl. Ausg.: *Lectures on the History of Moral Philosophy*. Cambridge, Mass./London: Harvard University Press 2000].

- Handelt es sich nicht um eine Verfasserschrift, sondern um einen Sammelband, werden die HerausgeberInnen mit dem Zusatz (Hg.) oder (Hrsg.) gekennzeichnet.

Neumann, Gerhard (Hg.): *Poststrukturalismus: Herausforderung an die Literaturwissenschaft*. Stuttgart/Weimar: Metzler 1997.

Butler, Judith; Scott, Joan W. (Hg.): *Feminists Theorize the Political*. London/New York: Routledge 1992.

Krebs, Angelika: „Recht auf Arbeit oder Grundeinkommen?", in: Arnswald, Ulrich; Kertscher, Jens (Hg.): *Herausforderungen der Angewandten Ethik*. Paderborn: Mentis 2002, 153–169.

- Anonyme Werke bzw. Werke, die vor allem unter ihrem Titel bekannt sind (z. B. Wörterbücher), können unter ihrem Titel eingeordnet werden. (Bestimmte oder unbestimmte Artikel werden bei der Einordnung nicht berücksichtigt.)

Der Fischer Weltalmanach 2001. Begr. v. Gustav Fochler-Hauke. Hg. v. Mario von Baratta. Frankfurt am Main: Fischer 2001.
→ unter „F" einordnen

- Pseudonyme werden behandelt wie Verfassernamen, wenn sie bekannter sind (vgl. Poenicke 1988, 153). So ist etwa der als Hans Mayer geborene österreichische Schriftsteller nur unter dem Namen Jean Améry bekannt.

Titel

- Wörtliche Übernahme unabhängig von graphischer Gestaltung in normaler Groß-/Kleinschreibung
- Bei englischen Publikationen werden in der Regel alle Wörter großgeschrieben außer Artikel, Präpositionen und Konjunktionen (vgl. Niederhauser 2015, 75).
- Wenn der Titel mit einem Satzzeichen endet, ist dieses zu übernehmen, sonst mit Punkt oder Komma zu schließen.

Foucault, Michel: *Was ist Kritik?* Übers. v. Walter Seitter. Berlin: Merve 1992.

- Titel und Untertitel werden durch Punkt oder Doppelpunkt getrennt, sofern das Titelblatt nicht ein anderes Satzzeichen ausweist.

Rauprich, Oliver; Steger, Florian (Hg.): *Prinzipienethik in der Biomedizin. Moralphilosophie und medizinische Praxis*. Frankfurt am Main: Campus 2005.

Bourdieu, Pierre: *Was heißt sprechen? Die Ökonomie des sprachlichen Tauschs*. Übers. v. Hella Beister. Wien: Braumüller 1990.

Ort und Verlag

- Zwei Erscheinungsorte werden in der Regel durch Komma, Semikolon, Schrägstrich oder „u." getrennt.

London, New York: Routledge 1990.
London; New York: Routledge 1990.
London/New York: Routledge 1990.
London u. New York: Routledge 1990.

- Mehr als zwei Erscheinungsorte werden mit dem ersten Ort, gefolgt von „u. a." abgekürzt.

  Stuttgart, Berlin, Bonn, Budapest, Düsseldorf, Heidelberg, Prag, Sofia, Warschau, Wien, Zürich: Dr. Josef Raabe Verlags-GmbH → Stuttgart u. a.: Raabe.

- Sofern angegeben, wird zur Vermeidung von Missverständnissen bei einem in den USA erschienenen Werk neben dem Namen des Ortes auch der Bundesstaat genannt.

  Cambridge, Mass.

  Cambridge (Mass.)

- Wenn kein Verlag genannt wird, ist die herausgebende Körperschaft bzw. der Druckort anzugeben.

  Brogaard, Berit (Hg.): *Rationalität und Irrationalität. Beiträge des 23. Internationalen Wittgenstein Symposiums*, 13.–19. August 2000. Kirchberg am Wechsel: Österreichische Ludwig Wittgenstein Gesellschaft 2000.

- Wenn kein Erscheinungsort angegeben ist, ist dies folgendermaßen zu vermerken: o. O. [ohne Ort].

- Wenn kein Erscheinungsjahr angegeben ist, ist dies folgendermaßen zu vermerken: o. J. [ohne Jahr].

Auflage

- Angabe der benutzten Auflage (ggf. auch Nennung der Erstauflage, wenn es für die Thematik von Belang ist)

  Rapp, Christof: *Aristoteles zur Einführung*. 5., vollständig überarb. Aufl. Hamburg: Junius 2016 [1. Aufl. 2001].

  Rapp, Christof: *Aristoteles zur Einführung*. 5., vollständig überarb. Aufl. Hamburg: Junius 2016 [[1]2001].

- Unveränderte Auflage

  4. Aufl. Frankfurt am Main: Suhrkamp 1980.

  Frankfurt am Main: Suhrkamp [4]1980.

- Veränderte Auflagen genau dokumentieren

  Blinn, Hansjürgen: *Informationshandbuch Deutsche Literaturwissenschaft*. 3., neu bearb. u. erw. Aufl. Frankfurt am Main: Fischer 1994.

Reihen, Serien

- Bei Publikationen, die als Teil einer Reihe oder Serie erschienen sind, wird die Reihe mit Bandangabe in Klammern angeführt.
- Die HerausgeberInnen der betreffenden Reihe oder Serie werden nicht genannt.

> Kopperschmidt, Josef; Schanze, Helmut (Hg.): *Nietzsche oder „Die Sprache ist Rhetorik"*. München: Fink 1994 (= Figuren Bd. 1).

Mehrbändige Werke

- Bei Bezug auf das Gesamtwerk wird das Erscheinungsjahr des ersten und letzten Bandes genannt, wenn diese nicht gleichzeitig erschienen sind.

> Ritter, Joachim; Gründer, Karlfried (Hg.): *Historisches Wörterbuch der Philosophie*. 13 Bde. Basel: Schwabe 1971–2007.

- Wenn noch nicht alle Bände erschienen sind, wird darauf durch Nennung des Jahres des ersten erschienenen Bandes sowie „ff." verwiesen.

> Kalivoda, Gregor; Kalverkämper, Hartwig; Ueding, Gert (Hg.): *Handbücher Rhetorik*. Berlin/Boston: de Gruyter 2015ff. [13 Bde. geplant).

- Wenn Sie sich in Ihrer Arbeit nur auf einen Band beziehen, ist das Erscheinungsjahr des erwähnten Bandes zu nennen.

> Ritter, Joachim; Gründer, Karlfried (Hg.): *Historisches Wörterbuch der Philosophie*. Bd. 5. Basel: Schwabe 1980.

- Mehrbändige Werke mit unterschiedlichen Titeln und VerfasserInnen bzw. HerausgeberInnen der Teilbände:

> Hossenfelder, Malte: *Die Philosophie der Antike 3. Stoa, Epikureismus und Skepsis*. Geschichte der Philosophie Bd. III. Hg. v. Wolfgang Röd. 2., akt. Aufl. München: Beck 1995.

Diplom- und Masterarbeiten, Dissertationen

- Ist eine Abschlussarbeit unveröffentlicht, werden anstelle des Verlagsorts der Ort der Universität sowie der Typ der Arbeit genannt.

> Univ. Wien: Diplomarbeit 2010.
> Univ. Wien: Masterarbeit 2010.
> Univ. Wien: Dissertation 2011.

- Wurde die Abschlussarbeit veröffentlicht, findet sich in der Regel auch ein zusätzlicher Verweis auf den Status als z. B. Dissertation.

Munz, Regine: *Religion als Beispiel: Sprache und Methode bei Ludwig Wittgenstein in theologischer Perspektive.* Düsseldorf/Bonn: Parerga 1997 (zugl. Diss., Univ. Basel, 1996).

Unveröffentlichte Manuskripte

* Unveröffentlichte Manuskripte werden mit einem entsprechenden Zusatz am Schluss versehen.

> Müller, Martha: *Neueste Forschungsergebnisse* [unveröffentl. Manuskript].

* Wenn die Veröffentlichung in einem Verlag unmittelbar bevorsteht, wird dies ebenfalls gekennzeichnet.

> Müller, Martha: *Neueste Forschungsergebnisse.* Frankfurt am Main: Suhrkamp 2018 [im Erscheinen].

Unveröffentlichte Briefe und Mitteilungen

* Es muss von dem/der VerfasserIn des Briefes, der E-Mail o. Ä. das Einverständnis zur Veröffentlichung eingeholt werden.
* Quellenangabe in der Regel in einer Fußnote (und nicht im Literaturverzeichnis)

> Müller, Max: Persönlicher Brief an die Verfasserin vom 1.9.2010.

Audiovisuelles Material

Zu audiovisuellen Materialien zählen Schallplatten, CDs, Filme, Radio- und Fernsehproduktionen, Videokassetten usw. In der Quellenangabe wird nach dem Titel die Art des Mediums genannt.

Babenco, Hector: *Der Kuß der Spinnenfrau* [Film]. Brasilien/USA 1985.

Vienna Art Orchestra: „Ein Morgen, ein Mittag, ein Abend in Wien – Franz v. Suppé", in: *All that Strauss. First New Year's Concert in Jazz* [CD]. TCB Music SA 2000.

3.1.4 Literaturverzeichnis

Das Literaturverzeichnis ist ein alphabetisch geordnetes Verzeichnis aller in einer wissenschaftlichen Arbeit *angeführten* (nicht aller gelesenen) Quellen – zu berücksichtigen sind hierbei sowohl jene Quellen, aus denen wörtlich zitiert wurde, als auch jene, aus denen Gedanken aufgegriffen und in paraphrasierter Form wiedergegeben wurden. Bei der Anordnung der Werke im Literaturverzeichnis ist Folgendes zu beachten:

- Erstes Ordnungsprinzip: Nachname der VerfasserInnen
- Bei mehreren Werken derselben VerfasserInnen: alphabetische (ohne Berücksichtigung der Artikel) oder chronologische Ordnung (nach Erscheinungsjahr) der Sachtitel
- Liegen von einem/einer AutorIn sowohl VerfasserInnenschriften, HerausgeberInnenschriften als auch Gemeinschaftswerke vor, bietet sich folgende Reihenfolge an: 1. VerfasserInnenschriften, 2. Gemeinschaftswerke, 3. HerausgeberInnenschriften.

Butler, Judith: *Haß spricht. Zur Politik des Performativen*. Übers. v. Kathrina Menke u. Markus Krist. Frankfurt am Main: Suhrkamp 1998.

–   *Das Unbehagen der Geschlechter*. Übers. v. Kathrina Menke. Frankfurt am Main: Suhrkamp 1991.

Butler, Judith; Laclau, Ernesto; Žižek, Slavoj: *Contingency, Hegemony, Universality: Contemporary Dialogues on the Left*. London: Verso 2000.

Butler, Judith; Scott, Joan W. (Hg.): *Feminists Theorize the Political*. London/New York: Routledge 1992.

Butler, Judith; Guillory, John; Thomas, Kendall (Hg.): *What's Left of Theory? New Work on the Politics of Literary Theory*. London/ New York: Routledge 2000.

Beispiel: Bibliographische Informationen auf der Titelei (Haupttitel und Impressum)

Quelle: Fanon, Frantz: *Die Verdammten dieser Erde.* Vorwort v. Jean-Paul Sartre. Übers. v. Traugott König. Frankfurt am Main: Suhrkamp 1981 (= suhrkamp taschenbuch 668) [frz. Orig.: *Les damnés de la terre.* Paris: Éditions Maspero 1961].

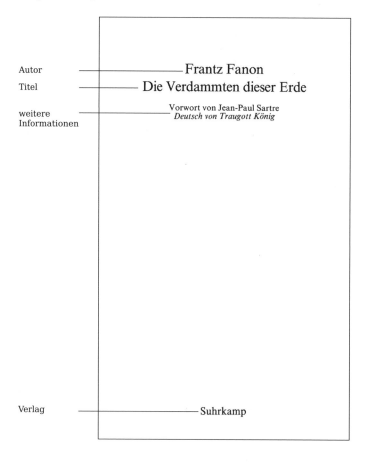

Titel der französischen Originalausgabe: ———— Titel, Verlag und
Les damnés de la terre. François Maspero Éditeur, Paris — Ort der französischen
Originalausgabe

suhrkamp taschenbuch 668 — Reihe
Erste Auflage 1981
für die Originalausgabe © 1961 by François Maspero Éditeur — Publikationsjahr der
für die deutsche Übersetzung © Suhrkamp Verlag — ersten Auflage der
Frankfurt am Main 1966 — vorliegenden Ausgabe
Suhrkamp Taschenbuch Verlag
Alle Rechte vorbehalten, insbesondere das — Publikationsjahr der
der Übersetzung, des öffentlichen Vortrags sowie — französischen
der Übertragung durch Rundfunk und Fernsehen, — Originalausgabe
auch einzelner Teile.
Kein Teil des Werkes darf in irgendeiner Form — Verlag
(durch Fotografie, Mikrofilm oder andere Verfahren)
ohne schriftliche Genehmigung des Verlages reproduziert — Publikationsort und
oder unter Verwendung elektronischer Systeme verarbeitet, — Erstpublikation der
vervielfältigt oder verbreitet werden. — deutschen Übersetzung
Satz: Libro Satz, Kriftel — im Suhrkamp Verlag
Druck: Druckhaus Nomos, Sinzheim
Printed in Germany
Umschlag: Göllner, Michels, Zegarzewski
ISBN 978-3-518-37168-8

12 13 14 15 16 17 – 15 14 13 12 11 10

Zusammenfassung: Literatur- und Quellenangaben

1. Selbstständige Schriften

Monographie bzw. VerfasserInnenschrift

Name, Vorname: *Titel. Untertitel*. Weitere Angaben zu Herausgeberln, ÜbersetzerIn usw. Auflage. Erscheinungsort(e): Verlag Jahr (= Reihe) [Zusatzinformationen].

Derrida, Jacques: *Grammatologie*. Übers. v. Hans-Jörg Rheinberger u. Hanns Zischler. Frankfurt am Main: Suhrkamp 1983 [franz.: *De la grammatologie*. Paris: Minuit 1967].

Butler, Judith; Laclau, Ernesto; Zizek, Slavoj: *Contingency, Hegemony, Universality: Contemporary Dialogues on the Left*. London: Verso 2000.

Sammelband

Name, Vorname (Hg.): *Titel. Untertitel*. Weitere Angaben zu ÜbersetzerIn usw. Auflage. Erscheinungsort(e): Verlag Jahr (= Reihe) [Zusatzinformationen].

Kopperschmidt, Josef; Schanze, Helmut (Hg.): *Nietzsche oder „Die Sprache ist Rhetorik"*. München: Fink 1994 (= Figuren Bd. 1).

2. Unselbstständige Schriften

Aufsatz (erschienen in einem Sammelband)

Name, Vorname: „Titel. Untertitel", in: Name, Vorname (Hg.): *Titel. Untertitel*. Weitere Angaben zu HerausgeberIn, ÜbersetzerIn usw. Auflage. Erscheinungsort(e): Verlag Jahr (= Reihe), Seitenangabe [Zusatzinformationen].

Johnson, Barbara: „Mein Monster – Mein Selbst", in: Vinken, Barbara (Hg.): *Dekonstruktiver Feminismus. Literaturwissenschaft in Amerika*. Frankfurt am Main: Suhrkamp 1992, 130–144.

Kapitel in einer Monographie

> Name, Vorname: „Titel. Untertitel", in: Dies./Ders.: *Titel. Untertitel.* Weitere Angaben zu HerausgeberIn, ÜbersetzerIn usw. Auflage. Erscheinungsort(e): Verlag Jahr (= Reihe), Seitenangabe [Zusatzinformationen].

> Taylor, Charles: „Bedeutungstheorien", in: Ders.: *Negative Freiheit? Zur Kritik des neuzeitlichen Individualismus.* Übers. von Hermann Kocyba. Mit einem Nachw. von Axel Honneth. 2. Aufl. Frankfurt am Main: Suhrkamp 1995, 52–117.

Zeitschriftenartikel

Name, Vorname: „Titel. Untertitel", in: *Zeitschriftentitel* Band (Heftnummer), Jahr, Seitenangabe [Zusatzinformationen].

Butler, Judith: „Poststructuralism and Postmarxism", in: *Diacritics* 23 (4), 1993, 3–11 [dt.: „Poststrukturalismus und Postmarxismus", in: Marchart, Oliver (Hg.): *Das Undarstellbare der Politik. Zur Hegemonietheorie Ernesto Laclaus.* Wien: Turia & Kant 1998, 209–225].

3.2 Richtig zitieren

Zitate spielen in philosophischen Arbeiten eine bedeutende Rolle, da wir uns häufig auf die Gedanken anderer PhilosophInnen beziehen, zu diesen Gedanken kritisch Stellung nehmen, versuchen, diese Gedanken weiterzuentwickeln usw. Hinsichtlich der Verwendung von Zitaten ist es oberstes Gebot, diese deutlich und umfassend auszuweisen, das heißt, bei jedem Zitat muss 1. deutlich werden, dass es sich um ein Zitat handelt, und 2. muss die Quelle so ausgewiesen sein, dass das Zitat für die LeserInnen leicht auffindbar ist.

Vorrangiges Ziel aller Zitate ist die Wahrung des geistigen Eigentums anderer sowie die Vermeidung von Plagiaten.

Der Begriff des *Zitierens* wird in zwei Bedeutungen verwendet:

1. **Quellenwiedergabe:** Die schriftlichen oder mündlichen Äußerungen anderer werden wörtlich oder sinngemäß wiedergegeben, wobei in beiden Fällen auf die deutliche Kennzeichnung zu achten ist, dass es sich um die Aussage einer anderen Person handelt.

2. **Quellennachweis** (bibliographische Zitation): Hier geht es um den exakten Nachweis der verwendeten Quellen – unmittelbar dort, wo sie zitiert werden, *und* im Literaturverzeichnis. Das heißt, gleich welche Art von Quelle wir in unserer Arbeit verwenden – alle diese für eine Arbeit benutzten Quellen sind immer doppelt auszuweisen: a) überall dort, wo sie in einem Text zitiert werden – unabhängig davon, ob es sich um ein wörtliches Zitat oder eine Paraphrase handelt; b) vollständig, das heißt mit allen nötigen bibliographischen Informationen, im Literaturverzeichnis.

3.2.1 Textzitate

Textzitate erfüllen in der Philosophie im Wesentlichen die Funktion, alle Aussagen anderer zu belegen, die man für die eigene Arbeit heranzieht. Zum einen werden Originalpassagen aus der Primärliteratur als Gegenstand der Arbeit selbst zitiert und in der Folge ausgewertet (z. B. bei Textinterpretationen). Zum anderen wird aus der Sekundärliteratur zitiert, um etwa auf eine bereits vorhandene Interpretation des Originaltextes hinzuweisen (und sich in der Folge mit dieser kritisch auseinanderzusetzen) oder um Gedanken zu einem Thema aufzugreifen und zu verwerten, das auch in der eigenen Arbeit behandelt wird. Gelegentlich erhält man bei der Lektüre wissenschaftlicher Texte den Eindruck, dass nicht immer sachliche Gründe für das Zitieren vorliegen. Walter Krämer nennt in diesem Zusammenhang zwei Strategien, von denen abzuraten ist:

> Kein Grund für Zitate ist dagegen Ihre Eitelkeit. Nur um zu zeigen, dass Sie diesen oder jenen Autor gelesen haben, ist ein Zitat nicht da. Sparsam ist auch der Kunstgriff zu verwenden, per Zitat die eigene Meinung anderen in die Schuhe zu schieben. Das lohnt sich nur, wenn ein Zitat den Sachverhalt besonders treffend ausdrückt, wirkt ansonsten aber aufgesetzt [...]. (Krämer 2009, 143).

Norbert Franck weist darüber hinaus zurecht darauf hin, dass die von ihm so genannte „Zitatenhuberei" des Öfteren auch schlicht anzeigt, dass der Inhalt der zitierten Literatur noch nicht ausreichend durchdacht wurde, wodurch es den AutorInnen nicht gelingt, „sich von den Texten zu lösen, die sie gelesen haben" (Franck 2011, 150).

Vor diesem Hintergrund stellt sich die Frage nach der Häufigkeit der Verwendung von Zitaten: Hier gilt es, den (durchaus schwierigen) Mittelweg zwischen Mangel an Nachprüfbarkeit einerseits und Zitatensammlung andererseits zu finden. Befinden sich in einer wissenschaftlichen Arbeit auf jeder Seite drei oder mehr längere Zitate, die nur durch wenige eigene Sätze „unterbrochen" und vor allem nicht ausgewertet werden, hinterlässt dies bei den LeserInnen den Eindruck der Inkompetenz, des Desinteresses oder der Arroganz des Autors bzw. der Autorin (ganz abgesehen davon, dass die Lektüre einer solchen „Zitatensammlung" unbefriedigend ist, da man dann gleich nur das Original lesen könnte, während man sich in einer wissenschaftlichen Arbeit eine Erläuterung und Auswertung des Originaltextes erwartet und auch erwarten darf).

Werden hingegen kaum Zitate verwendet, obwohl die Verfasserin bzw. der Verfasser über ein bestimmtes Werk oder eine/n bestimmte/n AutorIn schreibt, so hat man als LeserIn keine Möglichkeit, die Aussagen zu überprüfen oder den Kontext nachzulesen, in dem diese Aussagen getroffen wurden.

Regeln zur Verwendung von Zitaten

Grundsätzlich sind folgende allgemeine Regeln zu beachten:

* Die Originaltreue (inkl. Zeichensetzung, Hervorhebungen, Druckfehler) ist absolut einzuhalten.
* Zitate sollten niemals ohne weitere Erklärung angeführt, sondern eingeleitet und ausgewertet werden.
* Vermeiden Sie Sinnentstellung oder Verfälschung durch Verkürzung, Auslassung oder Zerstückelung zentraler Textpassagen.
* Alle Änderungen (eigene Einfügungen, Auslassungen usw.) sind eindeutig durch eckige Klammern zu kennzeichnen. Einzige Ausnahme sind die Anführungszeichen. Diese sollten, um ein einheitliches Schriftbild zu gewährleisten, vereinheitlicht werden.
* Der zitierte Text muss zur Überprüfung immer im Original vorliegen.
* Nur in Ausnahmefällen – bei schwer zugänglichen Quellen – darf ein Text aus zweiter Hand mit dem Hinweis „zitiert nach" verwendet werden.

  Fronto, Marcus Cornelius: *Epistulae*. Hg. v. Samuel A. Naber. Leipzig: Teubner 1867, 140, zit. nach Weinrich 1976, 280.

* Indirekte Verweise: Nicht nur bei jedem wörtlichen Zitat, sondern auch bei jeder indirekten oder sinngemäßen Wiedergabe ist die Quelle eindeutig auszuweisen und der Bezug deutlich zu machen.

  Vgl. Jacques Derrida, „Die différance", in: Ders., *Randgänge der Philosophie*, Wien 1999, 34–37.

  (vgl. Derrida 1999, 34–37)

  Zu dieser Argumentation vgl. insbesondere die Ausführungen bei Derrida 1999, 34–37.

Kennzeichnung von Zitaten

Zitate im Fließtext (bis zu drei Zeilen)

- Zitate werden im Text durch Anführungszeichen („..." oder »...«) gekennzeichnet.
- Zitate im Zitat werden durch einfache Anführungszeichen (‚...' oder ›...‹) hervorgehoben.

> „Als Graphorröe, als ‚wissenschaftlichen Schreibdurchfall', verspottet [...] Hubert Markl die Anstrengungen, das Immergleiche in immer neuen Variationen in den Veröffentlichungskreislauf einzuspeisen." (Finetti u. Himmelrath 1999, 163 f.)

- In den unterschiedlichen Sprachen haben sich diverse Zeichensetzungen bei den Anführungszeichen etabliert:
  Im Deutschen setzt man in der Regel das öffnende Anführungszeichen unten und das schließende Anführungszeichen oben: „...". Am einfachsten merkt man sich die Zeichensetzung dadurch, dass 99 („) unten und 66 (") oben verwendet werden; analog dazu die einfachen Anführungszeichen: ‚...' (9–6).
  Daneben ist es auch möglich, sogenannte *Guillemets* zu verwenden. Das öffnende Anführungszeichen zeigt dabei nach rechts », das schließende nach links «; analog dazu die einfachen Anführungszeichen: ›...‹.
- Um ein einheitliches Schriftbild zu gewährleisten, sollten Mischformen vermieden und auch bei Zitaten angeglichen werden.

Blockzitate (über drei Zeilen Umfang)

- Abstand zum Fließtext vor und nach dem Blockzitat (z. B. 1 Leerzeile)
- Kleinere Schrift (z. B. Text 12 pt, Zitat 11 pt)
- Absatzeinzug links (oder beidseitig) (ca. 0,5–1 cm)
- Blockzitate werden üblicherweise nicht durch Anführungszeichen gekennzeichnet, da dies durch die deutliche Abhebung vom Fließtext und die anschließende Quellenangabe nicht mehr nötig ist.
- Zitate im Zitat: normale Anführungszeichen

> Beim Betrachten des Mondes sagt einer, der sich zum Kopernikanismus bekehrt hat, nicht: „Ich pflegte einen Planeten zu sehen, jetzt aber sehe ich einen Trabanten." Diese Art der Formulierung würde implizieren, daß das Ptolemäische System in einem bestimmten Sinne einmal richtig war. Der zur neuen Astronomie Bekehrte sagt vielmehr: „Ich hielt einst den Mond für (oder sah den Mond als) einen Planeten. Ich hatte aber unrecht." (Kuhn 1993, 127)

- Absätze im Originaltext werden auch im Zitat beibehalten:

Der Gegner, der bei der Sache bleibt, ist mir immer recht; aber wenn die Auseinandersetzung unklar wird und aus dem Gleis kommt, da gehe ich vom Sachlichen weg und versteife mich auf das Formale; meine Disputierform wird dann plötzlich bockig, ironisch, rechthaberisch, worüber ich nachträglich erröten muß. [...]
Positives Wissen liebe und ehre ich ebenso wie die, die welches haben; richtig angewendet ist es das edelste und mächtigste Besitztum des Menschen; aber bei denen (es gibt eine unendliche Zahl solcher Leute), die im Wissen ihre Grundbefähigung und ihren eigentlichen Wert sehen, die also ihren Verstand auf ihr Gedächtnis aufbauen und nichts können, als was sie gelesen haben, bei denen ist Gelehrsamkeit mir zuwider, mehr noch, wenn ich so sagen darf, als Viechs-Dummheit. (Montaigne [1588] 2005, 319)

> **Tipp:** Verwenden Sie bis zur Endfassung Ihrer Arbeit auch bei Blockzitaten Anführungszeichen, da ansonsten durch Textumstellungen leicht Fehler auftreten können.

Interpunktion

Für die Interpunktion gelten verschiedene Regeln, je nachdem, ob ein vollständiger Satz oder ein Satzteil zitiert wird (vgl. Poenicke 1988, 143):

- Wird nur ein Satzfragment zitiert, „so wird der Punkt nach dem Anführungszeichen gesetzt". Dies gilt auch dann, wenn das Satzfragment im Original mit einem Punkt endet.
- Wird ein vollständiger Satz zitiert, so ist der Punkt Teil des Zitats.

„Werden für den Literaturnachweis Fußnoten verwendet, so werden diese nach dem abschließenden Anführungszeichen gesetzt."[1]

„Bei Literaturnachweisen mit Kurzbelegen wird der Punkt, sofern der zitierte Satz ebenfalls mit einem Punkt endet, innerhalb der Anführungszeichen gesetzt." (Mustermann 2000, 24)

„Oft findet sich jedoch auch die Variante mit dem Punkt nach der schließenden Klammer" (Mustermann 2000, 24).

Bei Blockzitaten ohne Anführungszeichen wird der Kurzbeleg immer nach dem Punkt angeführt. Bei Blockzitaten ohne Anführungszeichen wird der Kurzbeleg immer nach dem Punkt angeführt. Bei Blockzitaten ohne Anführungszeichen wird der Kurzbeleg immer nach dem Punkt angeführt. (Mustermann 2000, 24)

Ellipsen (Auslassungen)

- Auslassungen von Wörtern innerhalb eines Satzes oder Auslassungen ganzer Sätze sind durch drei Punkte in eckigen Klammern zu kennzeichnen: [...]

- Bei Auslassungen von ganzen Absätzen kann man dies dadurch verdeutlichen, dass man die drei Punkte in eckigen Klammern in einer eigenen Zeile setzt.

- Die Interpunktion muss beibehalten werden:

  Original: „Allgemeiner gesehen ist mein ego ein transzendentes Objekt, das nicht in meinem Bewusstsein lebt und das nur aus der Entfernung anvisiert werden kann." (Beauvoir 2004, 374)

  Richtig: „Allgemeiner gesehen ist mein ego ein transzendentes Objekt, [...] das nur aus der Entfernung anvisiert werden kann." (Beauvoir 2004, 374)

  Falsch: „Allgemeiner gesehen ist mein ego ein transzendentes Objekt [...], das nur aus der Entfernung anvisiert werden kann." (Beauvoir 2004, 374)

Interpolationen (Ergänzungen)

- Eigene, erläuternde Ergänzungen im Zitat werden mit eckigen Klammern (und ggf. den eigenen Initialen) gekennzeichnet.

  „Im selben Jahr [1937] ..."

  Im *Tractatus logico-philosophicus* bemerkt Ludwig Wittgenstein: „Sie [die Philosophie, X.Y.] wird das Unsagbare bedeuten, indem sie das Sagbare klar darstellt." (TLP 4.115)

- Fehler im Original werden durch [sic] („tatsächlich so") gekennzeichnet. Dies gilt jedoch nur für „echte" Rechtschreib- oder Druckfehler, nicht für antiquierte oder eigentümliche Schreibweisen. Nicht gerechtfertigt ist die Verwendung von [sic] des Weiteren, wenn damit die Ablehnung von Gedanken der zitierten AutorInnen zum Ausdruck gebracht werden soll (vgl. Standop u. Meyer 2008, 63).

Hervorhebungen

- Eigene Hervorhebungen in einem Zitat durch Kursivdruck müssen eindeutig gekennzeichnet werden.

  (Hervorhebung von mir)
  (Hervorhebung X.Y.)
  (meine Hervorhebung)
  (Herv. X.Y.)

- Liegen zusätzlich bereits im Original Hervorhebungen vor, so müssen diese ggf. direkt im Zitat mit eckigen Klammern gekennzeichnet werden – [Hervorhebung im Original] – oder im Anschluss an das Zitat.

Ich will sagen: die Allermeisten finden es nicht verächtlich, diess oder jenes zu glauben und darnach zu leben, ohne sich vorher der letzten und sichersten Gründe für und wider *bewusst geworden zu sein* und ohne sich auch nur die Mühe um solche Gründe hinterdrein zu geben, – die begabtesten Männer und die edelsten Frauen gehören noch zu diesen „Allermeisten". (Nietzsche, FW 2, KSA 3, 373; meine Kursivierung, Sperrung im Original)

Verschmelzung

- Kürzere Zitate können mit dem syntaktischen Zusammenhang des ganzen Satzes verschmolzen werden. Alle Änderungen (Kasus, Groß- und Kleinschreibung usw.) sind durch eckige Klammern zu kennzeichnen.

„Alle Erklärung muß fort, und nur Beschreibung an ihre Stelle treten", fordert Wittgenstein in § 109 der *Philosophischen Untersuchungen*.

In den *Bemerkungen über die Grundlagen der Mathematik* (BGM) verweist Wittgenstein zur Lösung mancher philosophischer Probleme auf die Notwendigkeit, „Dinge miteinander [zu] vergleichen, die zu vergleichen noch niemandem ernstlich eingefallen ist" (BGM VII, § 15).

- Längere Zitate sollten immer mit Einleitung und Doppelpunkt angeführt werden.

In seinem Buch *Erkenntnis für freie Menschen* äußert Paul Feyerabend eine generelle Skepsis gegenüber der Objektivität der WissenschaftlerInnen: „Man kann sich auf die Wissenschaftler einfach nicht verlassen. Sie haben ihre eigenen Interessen, die ihre Deutung der Evidenz und der Schlüssigkeit dieser Evidenz färben [...]." (Feyerabend 1980, 188)

- Fremdsprachliche Zitate sollten nur in begründeten Ausnahmefällen mit dem Text verschmolzen werden.

Schlecht: Austin weist auf die Möglichkeit hin, eine Äußerung nicht ernsthaft, sondern „in ways parasitic upon its normal use" zu verwenden (Austin 1986, 22).

- Im Fall der Verwendung fremdsprachlicher Zitate ist es daher – unabhängig von der Länge des Zitats – angebracht, sie nach einem Doppelpunkt als eigenen Satz folgen zu lassen:

Austin hält in Bezug auf performative Äußerungen fest, dass diese etwa im Fall des Gebrauchs durch einen Schauspieler auf der Bühne eine unernste Verwendung erfahren: „Language in such circumstances is in special ways – intelligibly – used not seriously, but in ways *parasitic* upon its normal use [...]." (Austin 1986, 22)

3.2.2 Quellennachweise

Generell müssen alle Quellen, das heißt die verwendete Literatur und sonstige Materialien (Abbildungen usw.), eindeutig im Text oder in den Anmerkungen belegt werden.

Nicht zu empfehlen sind sogenannte „Vollbelegsysteme": Diese enthalten kein Literaturverzeichnis am Ende des Textes, vielmehr wird jede Quelle bei erstmaliger Erwähnung in einer Fuß- oder Endnote vollständig dokumentiert. Bei nochmaligem Zitieren der Quelle erfolgt lediglich ein Verweis auf den angeführten Ort, etwa „a. a. O." („am angegebenen Ort") oder „op. cit." (opere citato, „im angeführten Werk"), z. B.: Meier a. a. O., S. 25. Der Nachteil dieses Systems liegt in seiner Unübersichtlichkeit: Man muss ständig hin- und herblättern, um die erste Quellenangabe zu suchen, und erhält keinen Überblick über die insgesamt verwendete Literatur.

Zu wählen ist zwischen zwei Arten von Belegsystemen, die keinesfalls miteinander vermischt werden sollten. In beiden Fällen ist ein Literaturverzeichnis am Ende des Textes erforderlich:

1. Quellennachweise in den Fußnoten oder

2. Quellennachweise in Kurzform direkt im Text (Harvard-Notation oder Siglen)

Quellennachweise in den Fußnoten

- Die Belege werden in den Fußnoten angeführt. (Zur Positionierung und Verwendung der Fußnoten s. Kap. 4.4.12.)
  - Vorteil: eindeutige und informative Darstellung für die LeserInnen
  - Nachteil: umfangreiche Fußnoten
- Wird die Quelle zum ersten Mal genannt, wird sie mit den wichtigsten bibliographischen Informationen und der zitierten Seite angeführt (die vollständige bibliographische Angabe wird dann nochmals im Literaturverzeichnis genannt):

Vorname Nachname, Titel, Ort Jahr, Seitenangabe.

Vorname Nachname, „Titel", in: Zeitschriftentitel Jg. (Heft), Jahr, Seitenangabe.

Vorname Nachname, „Titel", in: Sammelband, hg. v. Vorname Nachname, Ort Jahr, Seitenangabe.

- Wird eine Quelle wiederholt, so nennt man lediglich den Nachnamen der AutorInnen, Kurztitel und Seitenangabe.

[1] Jacques Derrida, *Positionen*, Wien 1986, 63.

[2] Derrida, *Positionen*, 74.

- Seitenangabe: Zur deutlichen Kennzeichnung sollte auf eine Seitennennung mit anschließendem „ff." verzichtet werden, wenn Sie sich auf Passagen beziehen, die sich über mehrere Seiten erstrecken. Geben Sie immer präzise an, auf welche Seiten eines Textes Sie verweisen:

  S. 17, S. 17-18 oder S. 17f., S.17-20

  17, 17-18 oder 17f., 17-20

- Wird nicht die Seite zitiert, so ist dies deutlich zu kennzeichnen, z. B.:

  § 122, Kap. 3

- Wird ausführlich Primärliteratur zitiert, so kann bei der ersten Nennung der Quelle (im Fließtext oder in der Fußnote) auf die im Folgenden verwendete Abkürzung verwiesen werden (erfordert ein Abkürzungsverzeichnis).

  Ludwig Wittgenstein beginnt seine *Philosophischen Untersuchungen* (PU) mit einem Zitat von Augustinus.

  [1] Ludwig Wittgenstein, *Philosophische Untersuchungen*. Werkausgabe. Bd. 1. Frankfurt am Main 1984 (im Folgenden zit. als PU).

Kurzbelege im Text *(In-Text Citations)*

- Die Belege erfolgen direkt im Text (Harvard-Notation).
  - Vorteil: kurze, direkte Information im Text
  - Nachteil: bei Verwendung von viel (Sekundär-)Literatur unübersichtlich für die LeserInnen, da man regelmäßig im Literaturverzeichnis nachschlagen muss.
- Quellennachweis in Klammern unter Angabe von Autor, Jahr und Seitenzahl:

  (Kuhn 1993, 43), (Kuhn 1993, 43f.), (Kuhn 1993, 43–46)

- Bei mehreren Werken einer Autorin oder eines Autors aus dem gleichen Jahr Kennzeichnung durch weitere Zusätze:

  (Meier 1989a, 25), (Meier 1989b, 58)

- Bei Nennung der AutorInnen im Satz kann auf die Nennung des Namens im Kurzbeleg verzichtet werden.

  Thomas Kuhn beschreibt in seinem Buch *Die Struktur wissenschaftlicher Revolutionen* das „Wesen der normalen Wissenschaft" (1993, 37).

- Die Seitenzahl kann entfallen, wenn es sich nicht um ein Zitat handelt, sondern nur auf Autorin bzw. Autor und Werk verwiesen wird.

  Wie schon Thomas Kuhn (1993) aufgezeigt hat ...

- Mehrere VerfasserInnen: Bei zwei AutorInnen werden beide angegeben, ab drei kann man mit „u. a." bzw. „et al." abkürzen. (Im Literaturverzeichnis sind alle AutorInnen zu nennen.)

  (Müller u. Meier 1990), (Müller/Meier 1990), (Schmidt u. a. 1990), (Schmidt et al. 1990)

- Bei einschlägiger Primärliteratur sind häufig kanonisierte Abkürzungen üblich (s. Kap. 6.2). In diesem Fall ist ein Abkürzungs- bzw. Siglenverzeichnis zu erstellen, wie z. B.:

  Werke Ludwig Wittgensteins:

Philosophische Untersuchungen:	PU
Tractatus logico-philosophicus:	TLP
Vermischte Bemerkungen:	VB

  Werke Immanuel Kants:

Kritik der reinen Vernunft:	KrV
Kritik der praktischen Vernunft:	KpV

- Bei Werkausgaben sind Werksiglen üblich (s. Kap. 6.2).

  KSA (Kritische Studienausgabe), GA (Gesamtausgabe)

Zusammenfassung

Welches System man benutzt, ist abhängig von der Textsorte und von der Art der Informationen, die man vermitteln möchte. So sind z. B. in naturwissenschaftlichen Kontexten Kurzbelege immer sinnvoll (das Veröffentlichungsjahr verweist direkt auf die Aktualität der Quelle), während sie in kultur- und geisteswissenschaftlichen Kontexten unter Umständen seltsam anmuten können (z. B. Aristoteles 2005, Kant 1984, Mill 2006 usw.). In diesen Fällen empfiehlt es sich bei der Wahl der Harvard-Notation, mit Siglen zu arbeiten (z. B. EN I 1, 1094a 22; GMS 392, 4 f.; U 39).

Für welches der Belegsysteme Sie sich auch entscheiden, sollten Sie es in einer Arbeit konsequent verwenden. Das Abkürzungsverzeichnis wird nach dem Inhaltsverzeichnis und vor dem Text positioniert.

Verzeichnis der in Kapitel 3.2 zitierten Literatur

Austin, John L.: *How to Do Things with Words. The William James Lectures delivered at Harvard University in 1955*. Hg. v. J.O. Urmson u. Marina Sibisà. Oxford/New York: Oxford University Press 1986.

Beauvoir, Simone de: *Das Alter*. Übers. v. Anjuta Aigner-Dünnwald u. Ruth Henry. Reinbek bei Hamburg: Rowohlt [2]2004.

Feyerabend, Paul: *Erkenntnis für freie Menschen*. Frankfurt am Main: Suhrkamp 1980.

Finetti, Marco; Himmelrath, Armin: *Der Sündenfall. Betrug und Fälschung in der Wissenschaft*. Stuttgart u. a.: Raabe 1999.

Kuhn, Thomas: *Die Struktur wissenschaftlicher Revolutionen*. Übers. v. Hermann Vetter. 2., rev. u. um das Postskriptum v. 1969 erg. Aufl. Frankfurt am Main: Suhrkamp 1993.

Montaigne, Michel de: „Über die Kunst des Gesprächs", in: Ders.: *Die Essais* [1580–88]. Ausgewählt, übertragen u. eingel. v. Arthur Franz. Stuttgart: Reclam 2005.

Nietzsche, Friedrich: *Die fröhliche Wissenschaft* [FW]. Sämtliche Werke. Kritische Studienausgabe [KSA]. Bd. 3. Hg. v. Giorgio Colli u. Mazzino Montinari. Berlin/München: de Gruyter/dtv 1980.

Weinrich, Harald: „Münze und Wort. Untersuchungen an einem Bildfeld", in: Ders.: *Sprache in Texten*. Stuttgart: Klett 1976, 276–290.

Wittgenstein, Ludwig: *Bemerkungen über die Grundlagen der Mathematik*. Werkausgabe Bd. 6. Frankfurt am Main: Suhrkamp [4]1991.

   – *Philosophische Untersuchungen*. Werkausgabe Bd. 1. Frankfurt am Main: Suhrkamp [4]1988.

   – *Tractatus logico-philosophicus*. Werkausgabe Bd. 1. Frankfurt am Main: Suhrkamp [4]1988.

Beispiel: Quellenangaben in den Fußnoten

Différance ist ein von Jacques Derrida geprägter Neologismus, der die doppelte Geste der Dekonstruktion im Spannungsfeld zwischen (zeitlichem) Aufschub und (räumlicher) Verschiebung bezeichnet.[10] Damit radikalisiert Derrida Saussures Diktum, dass es in der Sprache nur Differenzen ohne positive Einzelglieder gibt.[11]

Das System sprachlicher Differenzen ist nicht mehr an zuschreibbare Signifikate gebunden, sondern wird als Prozess des ständigen Sich-Unterscheidens und Aufeinander-Verweisens von Signifikanten gefasst, als ein Spiel der Differenzen ohne Zentrum und festen Grund.[12]

---

[10] Vgl. Jacques Derrida, „Die *différance*", in: Ders., *Randgänge der Philosophie*, Wien 1988, 29 f., sowie *Positionen*, Wien 1986, 67 ff. Eine brauchbare Einführung zum ‚Begriff' der *différance* gibt Uwe Dreisholtkamp, *Jacques Derrida*, München 1999.

[11] Vgl. Ferdinand de Saussure, *Grundfragen der allgemeinen Sprachwissenschaft*, Berlin 1967, 143.

[12] Vgl. Derrida, „Die différance", 34, sowie generell Derrida, „Signatur Ereignis Kontext", in: Ders., *Randgänge der Philosophie*, Wien 1988, 291–314.

Literaturverzeichnis (alphabetisch geordnet nach Name und Titel)
Derrida, Jacques: „Die *différance*", in: Ders.: *Randgänge der Philosophie*. Hg. v. Peter Engelmann. Übers. v. Gerhard Ahrens, Henriette Beese, Mathilde Fischer, Karin Karabczek-Schreiner, Eva Pfaffenberger-Brückner, Günther Sigl, Donald Watts Tuckwiller. Wien: Passagen 1988, 29–52.

– 	*Positionen. Gespräche mit Henri Ronse, Julia Kristeva, Jean-Louis Houdebinde, Guy Scarpetta*. Hg. v. Peter Engelmann Übers. v. Dorothea Schmidt unter Mitarb. v. Astrid Wintersberger. Wien: Passagen 1986.

– 	„Signatur Ereignis Kontext", in: Ders.: *Randgänge der Philosophie*. Hg. v. Peter Engelmann. Übers. v. Gerhard Ahrens, Henriette Beese, Mathilde Fischer, Karin Karabczek-Schreiner, Eva Pfaffenberger-Brückner, Günther Sigl, Donald Watts Tuckwiller. Wien: Passagen 1988, 291–314.

Dreisholtkamp, Uwe: *Jacques Derrida*. München: Beck 1999.

Saussure, Ferdinand de: *Grundfragen der allgemeinen Sprachwissenschaft*. Hg. v. Charles Bally u. Albert Séchehaye unter Mitwirkung v. Albert Riedlinger. Übers. v. Herman Lommel. 2. Aufl. mit neuem Register u. einem Nachwort v. Peter von Polenz. Berlin: de Gruyter 1967.

Beispiel: Quellenangaben im Text

Différance ist ein von Jacques Derrida geprägter Neologismus, der die doppelte Geste der Dekonstruktion im Spannungsfeld zwischen (zeitlichem) Aufschub und (räumlicher) Verschiebung bezeichnet (vgl. Derrida 1988a, 29 f.; Derrida 1986, 67 ff.).[10] Damit radikalisiert Derrida Saussures Diktum, dass es in der Sprache nur Differenzen ohne positive Einzelglieder gibt (vgl. Saussure 1967, 143).

Das System sprachlicher Differenzen ist nicht mehr an zuschreibbare Signifikate gebunden, sondern wird als Prozess des ständigen Sich-Unterscheidens und Aufeinander-Verweisens von Signifikanten gefasst, als ein Spiel der Differenzen ohne Zentrum und festen Grund (vgl. Derrida 1988a, 34, sowie generell Derrida 1988b).

---

[10] Eine brauchbare Einführung zum ‚Begriff' der *différance* gibt Dreisholtkamp 1999.

Literaturverzeichnis (alphabetisch geordnet nach Name und chronologisch nach Jahr)

Derrida, Jacques (1986): *Positionen. Gespräche mit Henri Ronse, Julia Kristeva, Jean-Louis Houdebinde, Guy Scarpetta*. Hg. v. Peter Engelmann. Übers. v. Dorothea Schmidt unter Mitarb. v. Astrid Wintersberger. Wien: Passagen.

– (1988a): „Die différance", in: Ders.: *Randgänge der Philosophie*. Hg. v. Peter Engelmann. Übers. v. Gerhard Ahrens, Henriette Beese, Mathilde Fischer, Karin Karabczek-Schreiner, Eva Pfaffenberger-Brückner, Günther Sigl, Donald Watts Tuckwiller. Wien: Passagen, 29–52.

– (1988b): „Signatur Ereignis Kontext", in: Ders.: *Randgänge der Philosophie*. Hg. v. Peter Engelmann. Übers. v. Gerhard Ahrens, Henriette Beese, Mathilde Fischer, Karin Karabczek-Schreiner, Eva Pfaffenberger-Brückner, Günther Sigl, Donald Watts Tuckwiller. Wien: Passagen, 291–314.

Dreisholtkamp, Uwe (1999): *Jacques Derrida*. München: Beck.

Saussure, Ferdinand de (1967): *Grundfragen der allgemeinen Sprachwissenschaft*. Hg. v. Charles Bally u. Albert Séchehaye unter Mitwirkung v. Albert Riedlinger. Übers. v. Herman Lommel. 2. Aufl. mit neuem Register u. einem Nachwort v. Peter von Polenz. Berlin: de Gruyter.

3.3 Plagiat

Plagiate sind zwar bei weitem keine „Erfindung" der Gegenwart, dennoch wird diese Problematik im Kontext von studentischen Arbeiten erst seit rund 20 Jahren vermehrt thematisiert. Ob dies daran liegt, dass das Einreichen von Plagiatsarbeiten zunimmt, oder daran, dass sie – nicht zuletzt aufgrund technischer Entwicklungen – häufiger entdeckt werden, lässt sich nicht mit Sicherheit sagen. Sicher ist hingegen, dass in der heutigen Zeit, in der eine Unmenge an Publikationen sehr leicht und oftmals auch online zugänglich ist, die Erfolgschancen von Plagiaten rapide sinken bzw. der Weg zum „Erfolg" mit einem Arbeitsaufwand verbunden ist, der dem des korrekten Verfassens einer wissenschaftlichen Arbeit um nichts nachsteht (vgl. hierzu ausführlich Schimmel 2011).

Doch was versteht man genau unter einem Plagiat? Gelegentlich hört man von Studierenden die irrige Ansicht, ein Plagiat liege nur dann vor, wenn die gesamte Arbeit wortwörtlich abgeschrieben worden sei. Dies stellt jedoch nur *eine* Form des Plagiierens dar.

Definition: Ein Plagiat liegt dann vor, wenn geistiges Eigentum anderer in der eigenen Arbeit unausgewiesen verwendet und somit als eigenes Gedankengut ausgegeben wird.

3.3.1 Formen von Plagiaten

Wir orientieren uns bei der folgenden Auflistung an den an der Universität Wien gültigen Kriterien (vgl. https://studienpraeses.univie.ac.at/infos-zum-studienrecht/wissenschaftliche-arbeiten/plagiat/, Zugriff 5.2.2018). Zunächst ist zu unterscheiden zwischen Wortlautplagiat und inhaltlichem Plagiat:

- Wortlautplagiat: Texte bzw. Passagen aus Texten werden wörtlich übernommen, ohne die Quelle auszuweisen.
- Inhaltliches Plagiat: Texte bzw. Passagen aus Texten werden paraphrasiert übernommen, ohne die Quelle auszuweisen.

Für die Beurteilung eines Textes als Plagiat ist es dabei irrelevant, ob ein Text wörtlich abgeschrieben oder umformuliert in die eigene Arbeit eingefügt wird – wenn Sie die Quelle nicht angeben, haben Sie plagiiert. Vor diesem Hintergrund werden weitere Formen des Plagiats unterschieden:

- „Ghostwriting": Eine andere Person verfasst einen Text, den Sie mit deren Einverständnis als eigene Arbeit einreichen (oftmals Auftragsarbeiten).
- Vollplagiat: Sie reichen den Text einer anderen Person ohne deren Einverständnis als Ihre eigene Arbeit ein.

- Übersetzungsplagiat: Sie nehmen die Übersetzung eines fremdsprachigen Textes vor und legen diesen (ganz oder teilweise) als Ihre eigene Arbeit vor. Dies gilt natürlich auch dann als Plagiat, wenn nur Teile Ihrer Arbeit aus diesen Übersetzungen ohne Quellenangabe bestehen.

- Zitat ohne Beleg: Hier werden Teile des Textes einer anderen Person übernommen und in die eigene Arbeit eingefügt, ohne dass diese Passagen als Zitate gekennzeichnet werden.

- Selbstplagiat: Dieser Begriff mutet auf den ersten Blick seltsam an, da von der Entwendung *fremden* geistigen Eigentums in diesem Fall ja nicht gesprochen werden kann. Des Weiteren ist es natürlich legitim bzw. sogar sinnvoll, die Erkenntnisse aus früheren Arbeiten in spätere Arbeiten einfließen zu lassen. Von einem Selbstplagiat ist daher in der Regel in studentischem Kontext auch nur dann die Rede, wenn die gleiche Arbeit in mehreren Lehrveranstaltungen abgegeben wird.

3.3.2 Konsequenzen von Plagiaten

Welcher Art die negativen Konsequenzen im Fall des Entdeckens eines Plagiats sind, hängt u. a. von dessen Ausmaß ab. Wenn Sie etwa „nur" ein Zitat in einer Seminararbeit nicht ausgewiesen haben und auf eine/n milde/n LehrveranstaltungsleiterIn treffen, kann es sein, dass die Konsequenzen nur darin bestehen, dass Sie Ihren Text überarbeiten müssen. Aber auch in diesem Fall besteht grundsätzlich bereits die Möglichkeit, dass Ihre Arbeit negativ beurteilt oder als Plagiat zurückgewiesen wird (wodurch Sie dann die Lehrveranstaltung wiederholen müssten).

Im Fall von umfangreicheren Plagiaten sind die potenziellen Konsequenzen entsprechend nochmals weit gravierender und reichen von der Aberkennung eines akademischen Grades bis hin zu einer strafrechtlichen Verfolgung wegen Urheberrechtsverletzung.

4 Aufbau wissenschaftlicher Arbeiten

Das korrekte Zitieren von Quellen ist ein sehr bedeutendes Kriterium für die Qualität wissenschaftlicher Arbeiten, aber nicht das einzige. Abgesehen von einigen grundsätzlichen Kriterien, die für alle wissenschaftlichen Arbeiten gelten (s. Kap. 4.1), werden an die verschiedenen Arten von Arbeiten zum Teil durchaus unterschiedliche Anforderungen gestellt (s. Kap. 4.2 und 4.3), ebenso wie die verschiedenen Elemente einer wissenschaftlichen Arbeit unterschiedliche Funktionen erfüllen (s. Kap. 4.4). Der wissenschaftliche Stil des Schreibens stellt ein weiteres Qualitätsmerkmal dar, auch wenn hierbei individuellen Talenten und Vorlieben genügend Raum gelassen werden sollte (s. Kap. 4.6). Zwei letzte Arbeitsschritte vor der Abgabe schließlich dienen ebenfalls der Verbesserung der Qualität Ihres Textes – die Abschlusskorrektur sowie die Gestaltung des Layouts (s. Kap. 4.5).

4.1 Kennzeichen wissenschaftlicher Arbeiten

Wenn es auch viele verschiedene Arten von wissenschaftlichen Arbeiten gibt, für die zum Teil durchaus verschiedene Qualitätskriterien gelten, so gibt es dennoch einige grundsätzliche Kennzeichen, die die Wissenschaftlichkeit von Texten gleich welcher Art ausmachen und die wir im Folgenden überblicksartig zusammenfassen (vgl. Eco 2010, 40–44; Krämer 2009, 13 f.; Niederhauser 2015, 6 f.; Poenicke 1988, 99 f.).

Kennzeichen wissenschaftlicher Arbeiten

1. Erkennbarer, klar definierter Untersuchungsgegenstand
2. Offenlegung und Beleg aller verwendeten Quellen
3. Klare Trennung zwischen Meinungen und Fakten – oder, anders gesagt, zwischen der eigenen Ansicht und der Ansicht anderer
4. Nachvollziehbare und widerspruchsfreie Darstellung der Argumentation
5. Nachprüfbarkeit der Aussagen, Thesen und Methoden
6. Erkenntnisgewinn

7. Zur Veröffentlichung geeignet,
   das heißt unter anderem, dass wissenschaftliche Arbeiten immer von einer zweiten Person sowohl formal als auch inhaltlich Korrektur gelesen werden sollten. Achten Sie dabei auf eine schlüssige Argumentation, korrekte Rechtschreibung und Zeichensetzung, exakte sprachliche Formulierung und klare äußere Form.

Um diese Kriterien der Wissenschaftlichkeit auch in der eigenen Arbeit erfüllen zu können, erscheint es sinnvoll, den Schreibprozess in regelmäßigen Abständen mit Hilfe von Leitfragen gewissermaßen zu evaluieren.(s. Abb. 4).

4.2 Arten der schriftlichen Arbeiten

Im Rahmen wissenschaftlicher schriftlicher Arbeiten werden verschiedene Arten unterschieden, an die je verschiedene Anforderungen gestellt werden (und damit auch an Sie). So wird etwa beim Verfassen eines Protokolls Genauigkeit in der Wiedergabe der Inhalte der Lehrveranstaltungseinheit verlangt, nicht aber die Ausarbeitung einer kritischen Position, wie dies beispielsweise im Rahmen einer Seminararbeit der Fall ist. Im Folgenden geben wir zunächst einen groben Überblick über diese verschiedenen Anforderungen.

4.2.1 Protokoll

Neben wörtlichen Protokollen und Gedächtnisprotokollen, die im Kontext des Studiums in der Regel nicht von Belang sind, ist vor allem zwischen *Verlaufs-* und *Ergebnisprotokollen* zu unterscheiden:

1. Verlaufsprotokoll: Schwerpunkt auf dem chronologischen Ablauf der Veranstaltung
2. Ergebnisprotokoll: Schwerpunkt auf der systematischen Darstellung der wesentlichen Inhalte und Ergebnisse der Veranstaltung

Protokolle von wissenschaftlichen Lehrveranstaltungen sollten in der Regel als Ergebnisprotokoll oder als Mischform aus Verlaufs- und Ergebnisprotokoll konzipiert werden. Kriterien für ein gutes Protokoll sind (vgl. Bünting u. a. 1999, 31):

1. Vollständigkeit bei gleichzeitiger Konzentration auf wesentliche Aspekte

   So sollten einerseits alle zentralen Themen und Diskussionen (sowie deren Ergebnisse) festgehalten werden, andererseits ist es nicht nötig, den gesamten Diskussionsverlauf bis ins letzte Detail nachzuzeichnen, allfällige Exkurse in Randgebiete ausführlich wiederzugeben usw.

2. Möglichst neutrale Darstellung, Verzicht auf Wertungen

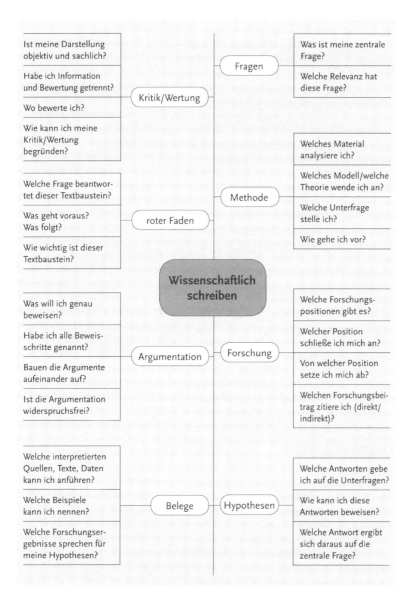

Abbildung 4: „Wissenschaftlich schreiben"

Entnommen aus: Esselborn-Krumbiegel, Helga: *Richtig wissenschaftlich schreiben. Wissenschaftssprache in Regeln und Übungen.* Paderborn: Schöningh 2010 (= UTB 3429), 13.

Nach Möglichkeit sollte die Mitschrift noch am selben Tag ausformuliert werden. Des Weiteren sollten die Literaturhinweise geprüft und allenfalls vervollständigt werden. Protokolle folgen einem bestimmten Aufbau (vgl. Poenicke 1988, 92):

1. Schriftkopf des Protokolls: Titel der Lehrveranstaltung, Veranstaltungs-leiterIn, ProtokollführerIn, Ort/Institution, Datum
2. Beschreibung der Veranstaltungsinhalte
3. Schluss des Protokolls: Verweis auf eventuelle Beilagen

4.2.2 Proseminararbeit, (Haupt-)Seminararbeit

Die Funktionen von Proseminar- und Seminararbeiten sind im Wesentlichen die gleichen (vgl. Poenicke 1988, 97):

• Einüben der Techniken des wissenschaftlichen Arbeitens
• Behandlung einer eingegrenzten Fragestellung
• Konzentration auf zentrale Aspekte des Themas
• Verzicht auf (lange) Einführungen historischer oder biographischer Natur
• Die Arbeit soll sich nicht in der Beschreibung des Vorgefundenen (wie etwa der Skizzierung verschiedener Positionen der Sekundärliteratur) erschöpfen.
• Ziel ist die kritische Auseinandersetzung mit einem bestimmten Thema und die Ausarbeitung einer eigenen Position unter Heranziehung der relevanten Forschungsliteratur.

Formaler Aufbau

1. Titelblatt
2. Plagiatserklärung
3. Inhaltsverzeichnis
4. Einleitung
5. Hauptteil: Ausarbeitung der Fragestellung
6. Schluss
7. Literaturverzeichnis

4.2.3 Bachelor-, Diplom- und Masterarbeiten

An die VerfasserInnen von Bachelor-, Diplom- und Masterarbeiten werden (in steigendem Maß) im Wesentlichen folgende Anforderungen gestellt:

- Nachweis der Kompetenz zum Verfassen eigenständiger wissenschaftlicher Arbeiten
- Bearbeitung einer komplexen Themenstellung
- Möglichst vollständige Aufarbeitung eines Themas sowie des aktuellen Forschungsstands

Tipp: Informieren Sie sich rechtzeitig über die jeweiligen Bestimmungen hinsichtlich Bachelor-, Diplom- und Masterarbeiten, die an Ihrem Institut gültig sind (Umfang, Anforderungen usw.).

4.2.4 Dissertationen

Zusätzlich zu den unter Kap. 4.2.3 genannten Kriterien:

- In der Regel Veröffentlichungsabsicht (in Deutschland zwingend zur Erreichung des Doktortitels)
- Innovativer Gehalt: Erarbeitung neuer Aspekte und Ergebnisse

4.2.5 Rezensionen

Rezensionen dienen dazu, eine wissenschaftliche Neuerscheinung vorzustellen und zu bewerten. Daher sollten sie zumindest folgende Elemente beinhalten (vgl. Andermann 2006, 120 f.; Göth u. Plieninger 2006; Poenicke 1988, 103 f.; Theisen 2017, 99 f.):

- Verortung des besprochenen Werks im Forschungskontext
- Zentrale Untersuchungsinteressen und Thesen der Autorin bzw. des Autors des besprochenen Werks
- Methodik des Werks
- Zentrale Ergebnisse
- Kritische Beurteilung durch die Rezensentin / den Rezensenten (etwa hinsichtlich des Erkenntnisgewinns, der Schlüssigkeit der Argumentation, der Verständlichkeit der Darstellung u. ä.)

Formale Vorgaben (bezüglich Länge, Zitierweise usw.) fallen sehr unterschiedlich aus und sind jeweils den Richtlinien der Verlage, bei denen die Rezension erscheint, zu entnehmen.

4.3 Umfang wissenschaftlicher Arbeiten

Hierbei handelt es sich lediglich um grobe Schätzungen (s. Göth u. Plieninger 2006). Es ist daher auf jeden Fall unerlässlich, sich über die jeweiligen institutseigenen Richtlinien zu informieren, da besonders hinsichtlich der Abschlussarbeiten die Anforderungen in Bezug auf den Umfang stark variieren.

	Seiten	Wörter	Zeichen
Proseminararbeit	ca. 10	ca. 3.000	ca. 23.000
(Haupt-)Seminararbeit	ca. 20	ca. 6.000	ca. 46.000
Bachelorarbeit	ca. 25–30		60.000–70.000
Masterarbeit	50–80		115.000–184.000
Magisterarbeit	80–100	24.000–30.000	138.000–184.000

4.4 Elemente der wissenschaftlichen Arbeit

Eine studentische wissenschaftliche Arbeit (mit Ausnahme von Protokollen) enthält zumindest folgende Elemente: *Titelblatt – Inhaltsverzeichnis – Einleitung – Hauptteil – Schluss – Literaturverzeichnis.* Je nach Bedarf und Typ der Arbeit können weitere Elemente ergänzt werden.

Formaler Aufbau

1. **Titelblatt**
2. Plagiatserklärung
3. **Inhaltsverzeichnis**
4. Vorwort
5. Abkürzungs- oder Siglenverzeichnis (ggf. auch vor dem Literaturverzeichnis)
6. **Einleitung**
7. **Hauptteil**
8. **Schluss**
9. Anhang
10. **Literaturverzeichnis**
11. Register

12. Anmerkungen: Fußnoten

4.4.1 Titelblatt

Bei der Erstellung des Titelblattes ist Folgendes zu berücksichtigen:

• Der Titel soll
  1. eine eindeutige Information hinsichtlich des Themas vermitteln,
  2. auf unaufdringliche Weise Aufmerksamkeit erwecken (vgl. Poenicke 1988, 107).

• Formulieren Sie ggf. einen Untertitel, um den Untersuchungsgegenstand zu präzisieren.

  Beispiel: Nehmen wir an, Sie wählen als Haupttitel „Wittgenstein und die Sprache" (wovon grundsätzlich eher abzuraten ist, da damit keines der oben genannten Kriterien erfüllt ist). Da mit diesem Titel noch so gut wie gar keine Informationen über den Inhalt der Arbeit gegeben wurden, ist die Formulierung eines Untertitels unerlässlich, wie beispielsweise:

  • Wittgenstein und die Sprache: Sprache als Bild im Früh- und Spätwerk
  • Wittgenstein und die Sprache: Der Sprachspielbegriff in den *Philosophischen Untersuchungen*
  • Wittgenstein und die Sprache: Die Relevanz des Handelns in Wittgensteins späterer Philosophie

• Themenadäquate Formulierung des Titels: Wichtig ist, dass der Titel nicht mehr verspricht, als die Arbeit inhaltlich dann tatsächlich einlöst.

  Bei einem Titel wie „Wittgenstein und die Sprache" kommen Sie fast zwangsläufig in die Situation, das Titelversprechen nicht einlösen zu können, da ein derart umfassendes und komplexes Thema selbst von Wittgenstein-ExpertInnen kaum zufriedenstellend bearbeitet werden kann. Wenn Sie also etwa über den Sprachspielbegriff in Wittgensteins *Philosophischen Untersuchungen* arbeiten wollen – nicht mehr und nicht weniger –, dann machen Sie dies auch bereits im Titel deutlich.

• Für Diplom- und Masterarbeiten sowie Dissertationen haben die meisten Institute bzw. Universitäten Richtlinien für die Erstellung von Titelblättern entwickelt, die einzuhalten sind.

• In Abbildung 5 werden alle Informationen des Titelblattes einer Pro-/ Seminararbeit dargestellt.

TITEL DER ARBEIT

Untertitel der Arbeit

Pro-/Seminararbeit für die Lehrveranstaltung

LV-Nr. und Titel der Lehrveranstaltung

Veranstaltungsleiterin: Maria Mustermann

Institut für Philosophie

Universität Wien

WS 2011/12

vorgelegt von

Name des Verfassers/der Verfasserin

(bei Seminararbeiten zudem Matrikelnummer, Studienkennzahl, E-Mail)

Ort, Datum

Abbildung 5: Elemente des Titelblattes einer Pro-/Seminararbeit

4.4.2 Plagiatserklärung

An vielen Universitäten werden mittlerweile sogenannte Plagiatserklärungen verlangt. Informieren Sie sich daher an Ihrem Institut, ob eine solche verlangt wird, und wenn ja, welchen Wortlaut sie hat. Vgl. hierzu z. B. die Plagiatserklärung des Instituts für Philosophie der Universität Wien:

> Hiermit erkläre ich, die vorgelegte Arbeit selbständig verfasst und ausschließlich die angegebenen Quellen und Hilfsmittel benutzt zu haben. Alle wörtlich oder dem Sinn nach aus anderen Werken entnommenen Textpassagen und Gedankengänge sind durch genaue Angabe der Quelle in Form von Anmerkungen bzw. In-Text-Zitationen ausgewiesen. Dies gilt auch für Quellen aus dem Internet, bei denen zusätzlich URL und Zugriffsdatum angeführt sind. Mir ist bekannt, dass jeder Fall von Plagiat zur Nicht-Bewertung der gesamten Lehrveranstaltung führt und der Studienprogrammleitung gemeldet werden muss. Ferner versichere ich, diese Arbeit nicht bereits andernorts zur Beurteilung vorgelegt zu haben. (https://ssc-phil.univie.ac.at/studienorganisation/wissenschaftliches-arbeiten/, Zugriff 5.2.2018)

4.4.3 Inhaltsverzeichnis

Das Inhaltsverzeichnis beinhaltet alle Gliederungsteile, die ihm nachgestellt sind (also nicht jene Teile, die vor dem Inhaltsverzeichnis positioniert sind, wie etwa ein vorangestelltes Vorwort).

Prinzipiell kann man zwei Hauptvarianten der Gliederung des Inhaltsverzeichnisses unterscheiden (vgl. Standop u. Meyer 2008, 44–46):

Dezimalgliederung		Traditionelle Gliederung	
4	Kapitelüberschrift	IV	Kapitelüberschrift
4.1	Abschnittstitel	1	Abschnittstitel
4.1.1	Unterabschnittstitel		a) Unterabschnittstitel
4.1.2			b)
....			....

Die über das Inhaltsverzeichnis vermittelte Gliederung sollte weder zu grob noch zu detailliert strukturiert sein – Ziel ist ein möglichst kompakter und informativer Überblick über die Inhalte sowie den Ablauf der Arbeit. Walter Krämer skizziert diese Anforderung mittels eines Bildes:

> Ein gutes Inhaltsverzeichnis zeigt wie ein Röntgenbild vor allem das Skelett; es enthüllt die logische Grobstruktur des eigentlichen Textes, es zeigt dem eiligen Leser auf einen Blick, worum es in der Arbeit geht. (Krämer 2009, 59)

4.4.4 Vorwort

Das Vorwort ist im Unterschied zur Einleitung nicht zum eigentlichen Text zu zählen, daher wird es auch gelegentlich vor dem Inhaltsverzeichnis positioniert. Es beinhaltet persönliche Hinweise zum Entstehen der Arbeit sowie allfällige Danksagungen. Ewald Standop und Matthias Meyer erläutern den zentralen Unterschied zwischen Vorwort und Einleitung:

> Man verwechsle nicht Einleitung und Vorwort. Die Einleitung ist ein Teil der Arbeit, das Vorwort dagegen gehört nur mittelbar zur Arbeit. Es ist sozusagen ein Begleitbrief, den der Verfasser seiner Arbeit mit auf den Weg gibt, um darin Erklärungen *über* die Arbeit abzugeben. Das Vorwort kann daher Persönliches enthalten, was die Einleitung als Teil der Arbeit nicht kann. (Standop u. Meyer 2008, 42)

Das Vorwort wird nach der Fertigstellung des Textes verfasst und in der Regel mit Name, Ort und Datum versehen (z. B. Wien, März 2007, Max Mustermann), oft auch erneuert und aktualisiert bei weiteren Auflagen.

4.4.5 Abkürzungsverzeichnis

Dieses Verzeichnis enthält alle im Text verwendeten (bibliographischen) Abkürzungen (v. a. Siglen). Positioniert wird das Verzeichnis der Abkürzungen in der Regel nach dem Inhaltsverzeichnis, da es dort leicht aufzufinden ist.

4.4.6 Einleitung

Die Einleitung wird wie das Vorwort nach der Fertigstellung der Arbeit verfasst.

Elemente der Einleitung

1. Fragestellung und Arbeitshypothese
2. Zielsetzung und Erkenntnisinteresse
3. Darstellung des aktuellen Forschungsstands
4. (Gründe für) Materialauswahl
5. Methodisches Vorgehen
6. Darstellung der Gliederung der Arbeit

Wie Sie sehen, beziehen sich all diese Elemente auf sachliche Aspekte Ihrer Arbeit. Abstand nehmen sollten Sie hingegen von biographischen oder anekdotischen Ausflügen, wie Dietmar Hübner deutlich macht:

> Verzichten Sie [...] auf Lebensläufe der behandelten Autoren: Viele Studierende leiten gerade Haus- und Seminararbeiten gern mit solchen biographischen Dar-

stellungen ein. Dies mag verlockend erscheinen, weil man hierbei nicht viele Fehler machen und rasch ein paar Absätze Text produzieren kann. [...] In Ihrer Arbeit sind solche Passagen aber deplatziert: Dort geht es nicht um die Vita von Schopenhauer, sondern um seine Theorie, dort interessiert nicht die Lebensgeschichte von Nietzsche, sondern sein Denken. Gewiss mag diese Theorie oder dieses Denken mitunter durch Hinweise auf die zeitgeschichtlichen Umstände oder die persönlichen Erfahrungen des jeweiligen Autors besser verständlich werden. Wo dies nachweislich der Fall ist, dürfen solche Hinweise in begrenztem Umfang in Ihren Text einfließen. Aber ihre eigentliche Aufgabe besteht in der philosophischen Analyse von Argumenten und Überlegungen. (Hübner 2012, 25)

4.4.7 Durchführungs- bzw. Hauptteil

Der Hauptteil dient der ausführlichen und exakten Ausarbeitung der Fragestellung und beinhaltet folgende Elemente:

- Grundlegende Begriffsklärungen
- Beschreibung des methodischen Vorgehens, Begründung der Wahl der verwendeten Untersuchungsmethoden (wenn nicht schon in der Einleitung geschehen)
- Analyse der Primärquellen
- Analyse und Diskussion der Sekundärliteratur (aktueller Forschungs- und Diskussionsstand)
- Darstellung und kritische Diskussion der Ergebnisse
- Zusätzlich zu der Zusammenfassung der Arbeit am Schluss sind bei längeren Arbeiten auch Kurzzusammenfassungen am Ende jedes Kapitels sowie Überleitungen zum nächsten Kapitel sinnvoll.

Tipp:

- Trennen Sie Analyse von persönlichen Urteilen, deskriptive Sachverhalte von Kommentaren.
- Behalten Sie immer die konkrete Fragestellung und Zielsetzung im Auge.
- Konzentrieren Sie sich auf jene Teile der von Ihnen gelesenen Literatur, die zur Beantwortung Ihrer Fragestellung wichtig sind (anstatt alles dokumentieren zu wollen, was Sie gelesen haben).

Gliederung des Hauptteils

- Aufbau und Gliederung des Hauptteils orientieren sich an der spezifischen Thematik und der gewählten Vorgehensweise, z. B. chronologisch oder diskursiv-vergleichend (These, Pro-Argumente, Kontra-Argumente, Beurteilung).

- Die Gliederung sollte logisch klar, nachvollziehbar und sachlich schlüssig sein.
  - Ein einzelnes Kapitel sollte z. B. nicht identisch mit der Gesamtthemenstellung sein, das heißt, der Titel der Arbeit und eine einzelne Kapitelüberschrift sollten nicht gleichlautend sein.
  - Jede Untergliederung muss mindestens zwei Punkte umfassen. Gibt es einen Gliederungspunkt 4.1, dann sollte es auch einen Gliederungspunkt 4.2 geben.

4.4.8 Schlussteil

Der Schluss Ihrer Arbeit sollte eine *synthetisierende Auswertung und Zusammenfassung* (nicht nur Wiederholung!) der im Hauptteil erarbeiteten Ergebnisse beinhalten. Die im Rahmen der Einleitung aufgeworfenen Fragen sind im Schlussteil nochmals in komprimierter Form zu beantworten. Sollte es noch offene bzw. weiterführende Fragen geben, ist es sinnvoll, auf diese im Schlussteil hinzuweisen.

4.4.9 Anhang/ergänzende Materialien

Ein Anhang empfiehlt sich beispielsweise, wenn Sie eine empirische Studie, z. B. mittels Interviews, im Rahmen einer philosophischen Arbeit durchführen (die Interviews werden dann zur Gänze im Anhang abgedruckt) oder viele Statistiken, Tabellen oder Abbildungen in Ihrer Arbeit verwenden. Ziel ist hierbei

- die Entlastung des Hauptteils,
- die übersichtliche Darstellung der Materialien im Zusammenhang.

4.4.10 Literaturverzeichnis

Das Literaturverzeichnis umfasst alle in einer wissenschaftlichen Arbeit verwendeten Quellen (und nur dieser) – egal ob wörtlich zitiert oder paraphrasiert (s. Kap. 3.1.4). Daneben lassen sich noch thematische und annotierte Bibliographien unterscheiden:

- *Thematische Bibliographie*: Ziel ist die vollständige Erfassung aller für ein Thema relevanten Quellen – im Rahmen bestimmter thematischer oder zeitlicher Grenzen.
  Beispiel: „Verzeichnis der seit 1960 zum französischen Strukturalismus erschienenen deutschsprachigen Literatur"

- *Annotierte Bibliographie (Annotated Bibliography)*: Die aufgeführten Werke werden zusätzlich durch eine kurze Anmerkung inhaltlich charakterisiert und beurteilt.

4.4.11 Register, Index oder Verzeichnis

Das Register besteht aus einem Namen- und/oder Sachverzeichnis. Hilfreich sind Register vor allem für selektive Leserinnen und Leser, die gezielt nach bestimmten Informationen suchen.

4.4.12 Anmerkungen: Fuß- bzw. Endnoten

Fußnoten befinden sich direkt am „Fuß" jeder Seite; Endnoten hingegen finden sich gesammelt entweder am Ende eines Kapitels oder am Ende des Buches. Da Endnoten negative Konsequenzen sowohl für LeserInnen (mangelnde Übersichtlichkeit, mühsames Blättern) als auch für AutorInnen haben (nur sehr wenige Menschen werden die Endnoten lesen), ist von ihrem Gebrauch abzuraten.

Funktion

1. Fußnoten dienen der *Dokumentation* der verwendeten Quellen (sofern nicht die Harvard-Notation gewählt wurde).
2. Fußnoten bieten die Möglichkeit des *Verweises* auf weitere Aspekte, die für das Thema von Interesse sind, aber den Textfluss stören würden. Beispiele (nach Eco 2010, 210–213):
   - Hinzufügung weiterer bibliographischer Angaben (z. B. „Vgl. hierzu auch ...")
   - Verweis auf andere Stellen in der eigenen Arbeit (Querverweise)
   - Hinzufügung eines unterstützenden Zitats
   - Verweis auf weiterführende Aspekte zum Thema
   - Hinweis auf Personen, die die eigenen Gedanken angeregt haben
   - Übersetzungen von Textstellen
3. Wenn Sie kurz vor Abschluss der Arbeit noch eine wichtige Publikation entdecken (die Sie aber aus Zeitgründen nicht mehr ausführlich behandeln können), können Sie dies in Form eines *Nachtrags* in der Fußnote vermerken.

Positionierung und Verwendung der Fußnotenzeichen

In formaler Hinsicht ist in Bezug auf Fußnotenzeichen Folgendes zu berücksichtigen (vgl. Poenicke 1988, 136 f.):

- Bezieht sich die Fußnote auf den Inhalt eines Teilsatzes oder auf den des ganzen Satzes,[1] so steht die Ziffer nach dem Satzzeichen.[2]
- Bezieht sich die Anmerkung auf ein bestimmtes Wort[3] oder eine „bestimmte Wortgruppe"[4] des Satzes, so steht die Ziffer unmittelbar nach dem Wort bzw. der Wortgruppe.
- Für Fußnoten werden arabische Ziffern verwendet.
- Die Zählung erfolgt durchgehend oder kapitelweise (abhängig von der Anzahl der Fußnoten sowie dem Umfang des Textes).
- Sternchen (*) werden nur beim Titel verwendet – und auch dort nur dann, wenn sich die Anmerkung nicht auf den eigentlichen Inhalt des Textes bezieht, sondern z. B. eine Danksagung enthält – oder für Anmerkungen des Übersetzers/der Übersetzerin (z. B. „Im Original deutsch").
- Formatierung:
  - Kleinere Schrift (z. B. Fließtext 12 pt, Fußnote 10 pt)
  - Absatz hängend
  - Großschreibung des ersten Worts („Vgl.", „Siehe" usw.)
  - Abschluss der Fußnote mit Punkt

4.5 Layout und Endredaktion

In dem Moment, in dem Sie die inhaltliche Arbeit an einem Text abgeschlossen haben, ist zwar der größte und schwierigste Teil erledigt. Fertig sind Sie mit der Arbeit damit allerdings noch nicht. Den letzten Arbeitsschritten – der Gestaltung des Layouts der Arbeit sowie den abschließenden Korrekturen bzw. Überarbeitungen – widmen wir uns in diesem Kapitel.

4.5.1 Optische Hervorhebungen

Optische Hervorhebungen ermöglichen es unter anderem, die Aufmerksamkeit auf bestimmte Begriffe, Themen etc. zu lenken. Dabei ist Folgendes zu berücksichtigen:

- Verwenden Sie für Hervorhebungen im Text ausschließlich *Kursivschrift.*
- Achten Sie auf sparsame und gezielte Verwendung. Vermeiden Sie optische Hervorhebungen, wenn sich diese durch entsprechenden Satzbau erreichen lassen.
- **Fettdruck**, KAPITÄLCHEN oder GROSSBUCHSTABEN sollten nur für Titel und Kapitelüberschriften verwendet werden. Im Fließtext verwendet sorgen sie in der Regel eher für Unübersichtlichkeit:

Je nach verfügbarer Hard- und Software haben Sie die Wahl zwischen Dutzenden von Schriftgrößen und -typen. Nicht in jedem Fall ist das ein Segen. Ich sehe Texte mit *Kursiv-* und **Fettdruck**, S p e r r s c h r i f t, KAPITÄLCHEN und GROSS-SCHREIBUNG, kleiner und großer Schrift, Unterstreichungen einfach und doppelt und den verschiedensten Schrifttypen auf einer Seite so bunt gemischt, dass einem übel wird. (Krämer 2009, 176)

Kursivschrift

Die Kursivschrift erfüllt im Wesentlichen zwei Funktionen:

- Hervorhebung und damit Betonung bestimmter Wörter oder Textstellen
- Kennzeichnung selbstständiger Publikationen, z. B.:

  Nietzsches Schrift *Zur Genealogie der Moral* hat die jüngere Nietzsche-Forschung maßgeblich beeinflusst.

Anführungszeichen

- *Doppelte Anführungszeichen* werden für (echte) Zitate verwendet und zur Kennzeichnung unselbstständiger Schriften im Text, z. B.:

  In „Über Sinn und Bedeutung" schreibt Frege, dass ...

- *Einfache Anführungszeichen* werden für Zitate im Zitat verwendet und zur Kennzeichnung von Wörtern und Wendungen, die nicht im strengen oder engen Sinne zu verstehen sind.
  So sollen z. B. die einfachen Anführungszeichen in der Wendung *Derridas ‚Begriff' der différance* deutlich machen, dass die *différance* nach Derrida kein Begriff im klassischen, traditionellen Sinne ist.

4.5.2 Layout für Seminar- und Diplomarbeiten

Die hier aufgelisteten Vorschläge entsprechen unseres Erachtens weitgehend üblichen Regelungen. Dennoch gilt auch hier, dass spezifische Regelungen des jeweiligen Instituts bzw. der jeweiligen LehrveranstaltungsleiterIn oder Betreuungsperson jedenfalls zu erfragen sind.

- Schrift: Times New Roman oder andere Serifenschriften (vgl. hierzu ausführlich Standop u. Meyer 2008, 148–151)
- Schriftgrad im Fließtext: 12 pt
- Zeilenabstand: 1,5 Zeilen
- Block- bzw. Petitzitate, die nicht in den laufenden Text integriert sind: Schriftgröße 11 pt, Abstand davor und danach 6 pt oder 1 Leerzeile
- Fußnoten: Schriftgröße 10 pt, einfacher Zeilenabstand
- Ausreichender Rand: 3 cm links, rechts, oben; 2,5 cm unten (für Bindung, für Korrekturen bzw. Anmerkungen der BetreuerInnen)

- Seitenzahlen: Paginierung in arabischen Ziffern
- Absätze:
  - Einrücken der ersten Zeile (ca. 0,5 cm)
  - Keine eingerückten Absätze nach Petit- bzw. Blockzitaten und Überschriften
  - Keine einzelnen Zeilen eines Absatzes am Schluss oder Beginn einer Seite: Dies wird z. B. von der aktivierten Funktion „Absatzkontrolle" in MS Word (Reiter: Seitenlayout → Absatz → Zeilen- und Seitenumbruch) automatisch unterbunden.
- Empfehlenswert ist es, für alle verwendeten Formate (Standardtext, Überschriften, Fußnoten, Blockzitate, Literaturverzeichnis usw.) zuvor definierte Formatvorlagen zu verwenden. Nur so lassen sich Änderungen im Format auch noch nachträglich schnell und einfach durchführen.

Buchtipp:

Tuhls, G. O.: *Wissenschaftliche Arbeiten schreiben mit Microsoft Office Word 2016, 2013, 2010, 2007*. Heidelberg: mitp 2016.

4.5.3 Überarbeitung und Endredaktion

Eine letzte Überarbeitung des Textes vor der Abgabe sollte in inhaltlicher, sprachlicher und formaler Hinsicht erfolgen.

Inhaltlich

- Wurden alle wichtigen Aspekte berücksichtigt?
- Sind die im Text getroffenen Aussagen korrekt? Das mag selbstverständlich erscheinen, ist es aber nicht, wie Dietmar Hübner an einem Beispiel deutlich macht:

> Natürlich müssen Sie [...] überprüfen, ob Sie den Originalgedanken in Ihrer Darstellung noch gerecht werden. Das kann gelegentlich unangenehm sein: Manchmal hat man sich voreilig auf eine Interpretation versteift, die einem passend erschien, und legt fremden Autoren Thesen in den Mund, die man gern von ihnen hören würde. (Hübner 2012, 41)

- Wurden die Zitate korrekt übernommen, an inhaltlich passenden Stellen im Text positioniert und ausgewertet?
- Sind die Übergänge zwischen den einzelnen Abschnitten logisch nachvollziehbar?
- Wurden konsequent Überleitungen von einem Kapitel zum nächsten verfasst?

- Gibt es Redundanzen (überflüssige Aussagen, Wiederholungen)?

  Ihre erste Fassung mag zwar alles enthalten, was Sie sagen wollen, enthält aber meistens auch noch vieles, was Sie besser für sich behalten hätten. Auch wenn Sie alle Regeln zur äußeren Form und zur sprachlichen Gestalt der Arbeit beachtet haben: Verzicht auf überflüssigen Formalismus und Jargon, die Dinge beim Namen nennen, zur Sache kommen, [...] immer möglichst knapp genau das sagen, was zu sagen ist: Sie werden sich wundern, wie viel Text man immer noch gefahrlos streichen kann. (Krämer 2009, 172)

Sprachlich

- Kontrolle der Rechtschreibung: Hier sollten Sie sowohl auf die automatische Rechtschreibprüfung von Word oder OpenOffice Writer zurückgreifen als auch selbst Korrektur lesen sowie Ihren Text von anderen Korrektur lesen lassen.

- Zeichensetzung und Grammatik: Korrekte Zeichensetzung und Grammatik sind in einer wissenschaftlichen Arbeit unerlässlich. Unterschätzen Sie nicht die Bedeutung der Zeichensetzung für den Inhalt Ihrer Arbeit. Gerade die verständliche Darstellung komplexer theoretischer Zusammenhänge erfordert einen exakten sprachlichen und grammatischen Ausdruck.

- Stil: Überprüfen Sie den Text auf eventuelle Stilbrüche, insbesondere im Rahmen der Auseinandersetzung mit den Schriften anderer AutorInnen (auch hier sind KorrekturleserInnen eine große Hilfe).

- Wortwiederholungen: Abgesehen von Fachbegriffen, bei denen Variationen nicht angebracht sind, sollten Sie Ihren Text nochmals auf allfällige „Lieblingswörter" und sonstige Wortwiederholungen kontrollieren.

Formal

- Sind alle Textelemente wie Überschriften, Zitate, Fußnoten usw. einheitlich formatiert? Sind die Abstände zwischen Überschriften und Text sowie zwischen den einzelnen Absätzen einheitlich?

- Sind die Querverweise korrekt? Wurden alle Zitate, Tabellen, Abbildungen usw. mit Quellenangaben versehen?

- Stimmen die Kapitelüberschriften und Seitenangaben im Inhaltsverzeichnis und im Text überein?

- Sind alle verwendeten Quellen im Literaturverzeichnis genannt?

Tipp: Suchen Sie frühzeitig nach KorrekturleserInnen – für Rechtschreibfehler, Stilbrüche, unklare Argumentationen, verwirrende Passagen und dgl.

4.6 Darstellung und Stil wissenschaftlicher Arbeiten

Mit der Thematisierung des Stils von Texten begibt man sich bis zu einem gewissen Grad in einen sehr individuellen Bereich, der auch individuell bleiben sollte – ist es doch oftmals gerade die Art der Darstellung, die eine/n AutorIn von anderen unterscheidet. Und oftmals sind es persönliche Stilmerkmale, die uns einen wissenschaftlichen Text – abgesehen von inhaltlichen und methodischen Kriterien – als qualitativ hochwertig oder aber minderwertig beurteilen lassen. Dennoch sollte jeder wissenschaftliche Text – unabhängig von dem persönlichen Stil der AutorInnen – die Kriterien der Nachvollziehbarkeit und Nachprüfbarkeit erfüllen.

Entsprechend wollen wir mit den folgenden Ausführungen einerseits so wenig wie möglich persönlichen stilistischen Vorlieben oder Talenten entgegenwirken, andererseits aber jene Merkmale nennen, die eine nachvollziehbare und nachprüfbare Darstellung ausmachen.

Buchtipp:
Esselborn-Krumbiegel, Helga: *Richtig wissenschaftlich schreiben. Wissenschaftssprache in Regeln und Übungen.* Paderborn: Schöningh 2010 (= UTB 3429; Uni-Tipps).

4.6.1 Wissenschaftlicher Stil

Wissenschaftlicher Stil erfüllt im Idealfall folgende Kriterien:

- *Präzise*: Keine weitschweifenden Erläuterungen oder Wiederholungen
- *Sachlich*: Wissenschaftliches Arbeiten bedeutet Bearbeitung von Sachthemen in einem argumentativ-begründenden Stil.
- *Informativ*: Weder sollten Gemeinplätze wiedergegeben noch wichtige Einzelheiten ausgelassen werden.
- *Verständlich*: Vermeidung von Umgangssprache einerseits und Fachjargon andererseits
- *Frei von stilistischer Nachahmung*: Gefahr des Abfärbens des Stils von jenen AutorInnen, über die man schreibt.

Tipp: Als VerfasserIn haben Sie in der Regel keine Distanz zu Ihrem eigenen Text und können ihn selbst nur schwer beurteilen. Verteilen Sie daher Leseproben Ihres Textes an Bekannte mit folgenden Fragen: Wo gibt es Verständnisschwierigkeiten für LeserInnen? Wo wird zu viel bzw. zu wenig erklärt? Gibt es Widersprüche in der Argumentation oder Darstellung?

4.6.2 Darstellungsperspektive

In allen Textsorten gibt es mehrere Möglichkeiten, in welcher Form man sich an die LeserInnen wendet: als einzelne Person, als (postulierter oder realer) Teil einer Gruppe usw. In wissenschaftlichen Texten sind folgende Varianten geläufig:

- *Wir-Form*: Der Gebrauch ist korrekt, wenn mehrere Personen gemeinsam VerfasserInnen eines Textes sind oder aber man als EinzelautorIn auf die Gemeinsamkeit von LeserIn und AutorIn anspielt (z. B. „wie wir im letzten Abschnitt gesehen haben ..."). Nicht angebracht ist die (mittlerweile veraltete) Verwendung der Wir-Form hingegen, wenn man ausschließlich von sich selbst spricht, denn dann bedeutet es das Verstecken hinter einer vermeintlichen Autorität. Gleiches gilt übrigens für das Schreiben in der dritten Person: „Die Verfasserin muss in diesem Zusammenhang darauf hinweisen, dass ..."; „der Verfasser kann sich dieser Position nicht anschließen, weil ...".

- *Direkte Ich-Form*: Lange Zeit verpönt, ist die Verwendung der Ich-Form mittlerweile im Allgemeinen akzeptiert. Eine zu häufige Verwendung wirkt allerdings unbeholfen und verleiht einem wissenschaftlichen Text den Charakter eines Erlebnisaufsatzes.

- *Passiv- oder Konjunktivkonstruktionen*: Diese sind einerseits weniger aufdringlich als die direkte Ich-Form; andererseits kann der Text bei zu häufiger Verwendung von Passivkonstruktionen ermüdend wirken.
  Beispiele: „Es ergibt sich, dass ...", „Hieraus kann der Schluss gezogen werden, dass ...", „Es sei noch erwähnt, dass ..."

- *Man-Form*: Die Man-Form ist – besonders bei der Präsentation von Thesen – zu vermeiden, da sie eine undifferenzierte Allgemeinheit konnotiert.

Versuchen Sie, nicht nur eine Perspektive der Darstellung zu verwenden, sondern Ihren Text auch in dieser Hinsicht abwechslungsreich zu gestalten. Überlegen Sie sich dabei im Vorfeld, welche Perspektive gerade angebracht ist: Stellen Sie z. B. eine eigene These vor? Dann erscheint die Ich-Form angebracht. Beschreiben Sie einen Sachverhalt, an dem niemand zweifeln wird? Dann kann eventuell die Man-Form gerechtfertigt sein.

4.6.3 Wortwahl und Satzbau

Hinsichtlich der Wahl der Worte sowie der Formulierung von Sätzen sollten Sie folgende Empfehlungen berücksichtigen (vgl. Rossig u. Prätsch 2011, 168–170; Bünting u. a. 1999, 143–145):

- Sparsam zu verwenden bzw. zu vermeiden sind:
  - Füllwörter/Angstwörter: „irgendwie", „wohl", „gewissermaßen", „ziemlich"
  - Ausdrücke der Pseudoevidenz: „natürlich", „selbstverständlich", „leicht ersichtlich", „bekanntlich"
  - Übertreibungen, Superlative, Verallgemeinerungen: „immens", „absolut", „enorm", „höchst", „ausschließlich", „einzig", „alle"
- Achten Sie auf den tatsächlichen Argumentationszusammenhang bei Verbindungswörtern zwischen einzelnen Aussagen wie „deshalb", „ebenso", „gegensätzlich", „daraus folgt".
- Achten Sie auf eindeutige innertextuelle Referenz insbesondere bei Demonstrativpronomen (*der, diese/r, jene/r, derjenige, diejenige, dieselbe, derselbe* usw.), Relativpronomen (*der, die, das, welche/r* usw.) und Lokaladverbien (*hier, dort, da* usw.).

  So ist bei dem folgenden Beispielsatz unklar, was näher untersucht wird: „die Verwendungen des Sprachspielbegriffs" oder die „InterpretInnen"?

  Die Verwendungen des Sprachspielbegriffs bei Wittgenstein haben viele InterpretInnen beschäftigt, die in dieser Arbeit näher untersucht werden.
- Vermeiden Sie sowohl „Bandwurmsätze", die die Lesbarkeit des Textes unnötig erschweren, als auch einen substantivischen Stil., der die LeserInnen schnell ermüden lässt.

4.6.4 Absätze

Absätze dienen der optischen wie gedanklichen Gliederung der einzelnen Argumentationsschritte. Als Faustregel gilt: „ein Absatz, ein Gedanke". In der Regel entspricht das ca. 1–3 Absätzen pro Seite.

Der Absatz sollte stets eine gewisse Sinneinheit konstituieren, wobei zwei extreme Erscheinungsbilder zu vermeiden sind. Damit ist zum einen das Auffasern eines Textes in eine Vielzahl von Miniabsätzen gemeint. Sie wirken ebenso ermüdend wie Endlosabsätze, die gleich über mehrere Manuskriptseiten reichen. (Andermann 2006, 91)

4.6.5 Fachjargon, Fremdwörter

Fremdwörter sollten aufgrund von höherer Lesefreundlichkeit nur dann verwendet werden, wenn es keinen geläufigen deutschen Ausdruck gibt und umständliche Umschreibungen notwendig wären.

Fachterminologie ist bis zu einem gewissen Grad unvermeidlich. Wenn Sie Fachbegriffe verwenden, sollten Sie diese bei ihrer erstmaligen Verwendung im Text definieren.

4.6.6 Tempus

- Üblicherweise wird in wissenschaftlichen Texten das Präsens verwendet.
- Eine einmal gewählte Zeitform sollte konsequent eingehalten werden.

4.6.7 Abkürzungen

Bei der Verwendung von Abkürzungen ist Folgendes zu beachten:

- Abgesehen von den üblichen Abkürzungen („z. B.", „usw.") müssen Abkürzungen immer ausdrücklich eingeführt und dürfen nicht als bekannt vorausgesetzt werden.
- Sie sind sinnvoll bei häufig wiederkehrenden Termini oder Titeln der Primärliteratur.
- Zum Zweck der Lesefreundlichkeit sollten Sie bei der ersten Nennung den Namen (z. B. des Werkes) ausschreiben und die Abkürzung in Klammer anschließen – z. B. *Philosophische Untersuchungen* (PU) – und/oder die Abkürzung in einer Fußnote definieren.
- Die Verwendung von Abkürzungen verlangt ein Abkürzungs- bzw. Siglenverzeichnis.
- Achten Sie auf die *Gebräuchlichkeit* von Abkürzungen:

  Einige Kürzel wie Laser, UFO, NATO, Moped oder Aids, deren Herkunft heute kaum noch jemand kennt, sind inzwischen schon selbstständige Wörter und aus der deutschen Sprache nicht mehr wegzudenken. Andere, wie FORTRAN („Formula Translator"), GHS („Gesamthochschule") oder BSP („Bruttosozialprodukt") grenzen schon an Jargon, und wieder andere, und das sind die meisten der rund 30000 Abkürzungen, die es heute in der deutschen Sprache gibt, sind nur Eingeweihten bekannt und vor ihrer Verwendung in einer akademischen Abschlussarbeit zunächst auf ihre Verträglichkeit mit dem Publikum zu untersuchen. (Krämer 2009, 132)

- Bevor Sie Siglen oder Abkürzungen verwenden, sollten Sie anhand von z. B. Einführungswerken überprüfen, welche Abkürzungen üblich sind.

4.6.8 Geschlechtergerechte Formulierungen

Geschlechtergerecht formulieren bedeutet, Frauen in der Sprache sichtbar und hörbar zu machen. In allen Texten, in denen Frauen gemeint sind oder sein könnten, sollte dies auch explizit ausgedrückt werden, anstatt Frauen „mitzumeinen", „hinzuzudenken" oder in eine Fußnote zu verbannen. (Braun 2000, 5)

Um geschlechtergerecht zu formulieren, gibt es verschiedene Möglichkeiten und Strategien:

1. Sichtbarmachung:

- Paarformen: explizite Nennung sowohl der weiblichen als auch der männlichen Form („er/sie", „sein/ihr", „Bürgerinnen und Bürger"). Diese Variante entspricht am besten der Intention der Bewusstseinsbildung, erschwert jedoch in manchen Texten die Lesbarkeit.

- I-Konstruktionen (StudentInnen, BürgerInnen, Bürger/innen): Gegen diese Variante sprechen ästhetische und aussprachetechnische Gründe, dafür die einfache Handhabung bei Verwendung im Plural. In den letzten Jahren werden auch zunehmend Varianten mit Unterstrich (Student_innen), Stern (Student*innen) oder Tilde (Student~innen) verwendet, um auch intersexuellen und Transgender-Personen Rechnung zu tragen.

2. Neutralisierung: Suche nach neutralen Formulierungen, z. B. „die Studierenden".

3. Keine zufriedenstellende Variante: Bemerkung im Vorwort, in der Einleitung oder zu Beginn des Hauptteils eines Textes, dass zur besseren Lesbarkeit des Textes auf eine geschlechtsspezifische Formulierung verzichtet wird.

Lektüretipp:

Wirtschaftsuniversität Wien (Hg.): *Fair und inklusiv in Sprache und Bild. Ein Leitfaden für die WU.* 2. aktual. Aufl. Wien 2017; https://www.wu.ac.at/fileadmin/wu/h/structure/about/publications/aktuelle_Broschüren/fair_und_inklusiv.pdf (Zugriff 8.2.2018).

5 Referat und Vortrag

Neben dem verstehenden Lesen komplexer philosophischer Werke und dem schriftlichen Verfassen eigener Texte bildet der mündliche Vortrag die dritte der drei Kerntechniken, die im Philosophiestudium vermittelt werden. In der Tat ist es durchaus eine Herausforderung, komplexe Sachverhalte nicht nur selbst zu verstehen, sondern diese darüber hinaus mündlich in einem vorgegebenen zeitlichen Rahmen zu präsentieren und einem Publikum verständlich und interessant zu vermitteln. Dazu ist es einerseits erforderlich, sich zu überlegen, wer das Publikum sein wird, welche AutorInnen, Begriffe und Theorien man voraussetzen kann und welche nicht; andererseits gilt es, sich genau zu überlegen, welche Präsentationsweise dem Thema und dem Publikum gleichermaßen angemessen ist, wie sich die einzelnen Argumente am überzeugendsten vermitteln lassen und welche möglichen Fragen, Einwände oder Kritikpunkte seitens der ZuhörerInnen gegen die eigene Position vorgebracht werden könnten. Das folgende Kapitel will dazu einige Tipps und Hinweise geben.

5.1 Referate

5.1.1 Funktion von Referaten

Die Funktion von Referaten lässt sich aus der Perspektive sowohl der ReferentInnen als auch der ZuhörerInnen beurteilen. Häufig berichten StudienanfängerInnen darüber, dass sie als ReferentInnen im Zuge der Vorbereitung ihres Referats selbst sehr viel gelernt haben, während ihnen die Referate als ZuhörerInnen relativ wenig gebracht haben. Ein gutes Referat sollte genau diese Lücke schließen: Es sollte nicht nur für die ReferentInnen einen Lern- und Wissenseffekt haben, sondern natürlich auch für die ZuhörerInnen. Das gelingt nur durch permanente Übung und sehr gute Vorbereitung von Referaten. Prinzipiell sollte ein Referat das Folgende leisten:

- Umstellung von Materialorientierung auf Publikumsorientierung

  Ziel jedes Referats ist die didaktische Aufarbeitung eines Themas für ein größeres Publikum, das sich in der Regel nicht auf demselben Wissensstand befindet wie die ReferentInnen. Stellen Sie daher im

Vorhinein Überlegungen zum Wissensstand der ZuhörerInnen an: Was kann ich voraussetzen, was muss erläutert werden? Zugleich bietet das Referat für die ReferentInnen die Möglichkeit, den mündlichen Vortrag zu üben sowie die eigenen Thesen und Argumente im Rahmen der gemeinsamen Diskussion kritisch zu überprüfen.

• Herausarbeitung und Darstellung der zentralen Thesen und Argumente
Hier gilt es, sich auf das „Wesentliche" zu konzentrieren. Wenn Sie z. B. einen Text im Rahmen eines Seminars vorstellen, sollten Sie folgende Punkte beachten: Erzählen Sie den Text, den Sie vorstellen sollen, nicht einfach nach. Wie ist der Text aufgebaut? Welche sind die Hauptthesen der AutorInnen? In welcher Form werden die Argumente präsentiert? Seien Sie generell sparsam in der Verwendung von Namen, Zahlen und Details. Denken Sie immer daran: Die Aufnahmefähigkeit Ihrer ZuhörerInnen ist begrenzt.

• Einstieg in die gemeinsame Diskussion
Am Ende jedes Referats steht eine kurze Zusammenfassung der zentralen Punkte. Versuchen Sie, die Stärken *und* Schwächen der präsentierten Argumente und/oder Positionen nochmals prägnant herauszustellen und Fragen für die gemeinsame Diskussion zu formulieren.

5.1.2 Aufbau und Gliederung von Referaten

Ein Referat gliedert sich, wie auch eine schriftliche Arbeit, in Einleitung, Hauptteil und Schluss. Berücksichtigen Sie hierbei, dass in einem Referat oder Vortrag der Einleitung und dem Schluss besondere Bedeutung zukommen: Die Einleitung dient dazu, bei den ZuhörerInnen Interesse, Aufmerksamkeit und Sympathie für Ihren Vortrag zu gewinnen; der Schluss soll Ihre zentralen Thesen und Argumente abschließend auf den Punkt bringen und so auch die nachfolgende Diskussion anregen.

Einleitung

Beginnen Sie niemals unvermittelt mit Ihrem Referat, sondern geben Sie Ihren ZuhörerInnen eine kurze Einleitung darüber, was sie zu erwarten haben, wie Sie vorgehen werden, wie lange Sie sprechen werden usw. Nutzen Sie die Einleitung dazu, um Ihre ZuhörerInnen direkt anzusprechen und eine angenehme Atmosphäre zu schaffen. Folgende Punkte sollte die Einleitung umfassen:

• Leicht verständliche Hinführung zu Ihrem Thema oder Ihrer Fragestellung
Stellen Sie nach Möglichkeit den Bezug zum Seminarthema und zum bisher Erarbeiteten her.

- Darstellung der Gliederung des Referates
  Machen Sie Ihren ZuhörerInnen deutlich, wie Sie vorgehen werden und in welche Abschnitte sich Ihr Referat gliedert. Verdeutlichen Sie Ihre Vorgehensweise ggf. anhand von Leitfragen: Was möchte ich darlegen? Mit welchen Mitteln will ich das tun? Welche Schwerpunkte setze ich?

- Allgemeine Hinweise zum Format des Referats
  Nutzen Sie die Einleitung auch dazu, um allgemeine Hinweise zum Rahmen Ihres Referats zu geben, z. B. um darauf hinzuweisen, dass Zwischenfragen erwünscht sind oder nicht erwünscht sind.

Hauptteil

Der Hauptteil Ihres Referats dient der ausführlichen Darstellung Ihres Themas. Er sollte folgende Punkte umfassen:

- Darstellung der wichtigsten Thesen und Argumentationsschritte des Textes oder der präsentierten Position

- Illustrierung der zentralen Thesen durch Beispiele und Textpassagen
  Achten Sie darauf, dass Textpassagen, die Sie diskutieren möchten, allen ZuhörerInnen vorliegen, z. B. in Form eines Thesenpapiers oder einer PowerPoint-Präsentation.

- Regelmäßige Verweise auf den Referatsverlauf
  Versuchen Sie, immer wieder den „roten Faden" Ihrer Präsentation aufzunehmen. Machen Sie gegenüber Ihren ZuhörerInnen deutlich, wo Sie sich gerade in der Argumentation befinden. Überprüfen Sie durch Rückfragen, ob die ZuhörerInnen Ihnen folgen können und ob Sie akustisch gut verstanden werden.

Schluss

Der Schluss des Referats dient dazu, die eingangs gestellten Fragen und Thesen wieder aufzunehmen, die zentralen Argumente nochmals prägnant auf den Punkt zu bringen und in die gemeinsame Diskussion überzuleiten. Er sollte folgende Punkte umfassen:

- Abschluss und Zusammenfassung der Ausführungen. Folgende Formulierungen können hier als Signalgeber dienen: „Ich komme zum Schluss …", „Abschließend möchte ich …" usw.

- Wiederaufnahme der eingangs formulierten Zielsetzung

- Prägnante Zusammenfassung der Hauptthesen und Schlussfolgerungen

- Formulierung von Rückfragen an den Text

- Überleitung in die gemeinsame Diskussion

Tipp: „Der Schlußteil sollte all das (und nicht mehr) enthalten, von dem Sie sich wünschen, daß die ZuhörerInnen es auch in drei Wochen noch wissen. Es gilt: Keine Angst vor Wiederholungen!" (Bromme u. Rambow 1993, 297)

5.1.3 Gruppenreferate

Auch wenn Gruppenreferate häufig mit einem hohen organisatorischen Aufwand verbunden sind, so profitieren doch gerade Studierende von gelingenden Gruppenreferaten sehr viel mehr als von Einzelpräsentationen. Die Möglichkeit, schwierige Texte und Theorien zunächst in der Referatsgruppe gemeinsam zu diskutieren, um sie dann vor einem größeren Publikum überzeugend zu präsentieren, impliziert einen Lerneffekt, der nicht hoch genug eingeschätzt werden kann. Zudem hilft die Gruppe, übermäßige Unsicherheit und Nervosität sowie die Angst, in einem öffentlichen Rahmen frei zu sprechen, zu überwinden.

Vorgehensweise und Vorbereitung

- Organisieren und treffen Sie sich so früh wie möglich!
- Gruppenreferate sollen von *allen* TeilnehmerInnen gemeinsam erarbeitet und präsentiert werden! Vermeiden Sie unbedingt eine Aufteilung des Referats in einzelne, unzusammenhängende Abschnitte.
- Halten Sie frühzeitig Rücksprache mit den SeminarleiterInnen – insbesondere bei Fragen, Schwierigkeiten und Problemen mit dem Text, der Art und Weise der Präsentation usw.
- Beachten Sie die Vorgaben für die Dauer der Präsentation. Es sollte ausreichend Zeit für die Diskussion zur Verfügung stehen.
- Bestimmen Sie eine Person, die die Moderation Ihres Referats übernimmt (s. Kap. 5.3.3).
- Erstellen Sie ein gemeinsames und einheitlich formatiertes Thesenpapier. Halten Sie Rücksprache mit den SeminarleiterInnen, wann dieses genau abzugeben ist.
- Bereiten Sie ggf. Folien, Filme usw. für das Referat vor und testen Sie die zur Verfügung stehende Technik.
- Machen Sie unbedingt eine *gemeinsame Generalprobe* vor der Präsentation!

5.2 Thesenpapier

5.2.1 Funktion des Thesenpapiers

Das Thesenpapier (Handout) bildet einen integralen Bestandteil des Referats. Es dient dazu, Struktur und Inhalt des Referats übersichtlich zusammenzufassen – und zwar so, dass es für die ZuhörerInnen auch noch in einigen Wochen verständlich und nachvollziehbar ist. Das Thesenpapier soll:

* den Vortrag für die ZuhörerInnen optisch gliedern (nicht den gesamten Text des Referats eins zu eins wiedergeben),
* als Gedächtnisstütze für die Diskussion und zur Nachbereitung des Seminars dienen,
* Materialien (Originalzitate, Textpassagen) anführen,
* wichtige Fachbegriffe erläutern,
* weiterführende Hinweise zu wichtiger Literatur geben.

5.2.2 Gliederung des Thesenpapiers

Das Thesenpapier sollte die folgenden drei Gliederungspunkte umfassen:
* Kopfzeile mit den relevanten Informationen zur Lehrveranstaltung:
  * Titel der Lehrveranstaltung
  * Name der SeminarleiterInnen
  * Institut und Universität
  * Genaues Datum der Seminarsitzung
  * Name der ReferentInnen
* Thema oder Titel des Referats
* Hauptteil:
  * Übersichtliche Darstellung der zentralen Fragen und Argumentationsschritte
  * Ggf. zentrale Aussagen als Originalzitate (z.B. als Grundlage für die spätere Diskussion)
  * Erläuterung von Fachbegriffen
  * Literaturverzeichnis: verwendete Primär- und Sekundärliteratur sowie ggf. weiterführende Literaturhinweise

5.2.3 Formale Aspekte

Die folgenden formalen Aspekte gilt es bei der Erstellung des Thesenpapiers zu beachten:
* Länge: ca. 1 bis 2 Seiten. Bei einer Gruppenpräsentation können Sie von ca. einer halben Seite pro ReferentIn ausgehen.

- Achten Sie auf eine einheitliche und übersichtliche Formatierung sowie Zitierweise – insbesondere bei Gruppenreferaten.
- Überlegen Sie sich im Vorhinein, wann Sie das Thesenpapier verteilen wollen: entweder vor dem Referat für die ZuhörerInnen zum Mitlesen oder nach der Präsentation als Gedächtnisstütze. Üblich ist Ersteres.

Achtung: Für das Thesenpapier gelten dieselben Anforderungen wie für alle wissenschaftlichen Arbeiten: Alle Zitate müssen korrekt und originalgetreu wiedergegeben werden; alle verwendeten Quellen (Primärliteratur, Sekundärliteratur, Lexika, Internetseiten usw.) sind im Text und im Literaturverzeichnis auszuweisen.

5.3 Vortrag und Moderation

5.3.1 Vorbereitung des Vortrags

Überlegen Sie sich vor Ihrer mündlichen Präsentation, wie Sie diese gestalten und aufbauen wollen. Generell gilt: Versuchen Sie, möglichst frei zu sprechen und nicht einfach vom Papier abzulesen. Aus eigener Erfahrung als ZuhörerInnen werden Sie wissen, dass kaum etwas ermüdender ist als ein mit monotoner Stimme vorgelesener Text, der darüber hinaus in einem akademischen Stil verfasst und mit vielen Zitaten versehen ist. Das heißt jedoch nicht, dass ein freier Vortrag prinzipiell besser ist als ein Vortrag auf Grundlage eines ausgearbeiteten Textes. In der Tat kann ein im mündlichen Stil verfasster und mit Emphase vorgelesener Text spannender und vor allem inhaltsreicher sein als ein freier Vortrag, in dem sich der Redner oder die Rednerin immer wieder „verzettelt".

Unabhängig davon, wie Sie sich entscheiden, sollte Grundlage Ihres Referats immer ein ausgearbeitetes Manuskript sein. Nur sehr talentierte und routinierte RednerInnen schaffen es, ausgehend von wenigen Stichworten einen gelungenen Vortrag zu halten. Geht es darüber hinaus um komplexe theoretische und begriffliche Zusammenhänge wie in der Philosophie, kommt man um vorformulierte Wendungen in der Regel nicht herum.

Der freie Vortrag

- Ausgangspunkt: fertiges Manuskript, Karteikarten oder PowerPoint-Präsentation
- Vorbereitung:
  - Erstellen Sie ein Stichwortkonzept, d. h. eine kurze und übersichtliche Darstellung des Inhalts und der Struktur des Vortrags als Erinnerungshilfe für den Gedankenaufbau.

- Schreiben Sie zentrale Zitate sowie wichtige Definitionen und komplizierte Formulierungen im Wortlaut auf, sodass Sie diese ggf. ablesen können.
- Bereiten Sie einige einleitende Worte als „Sprungbrett" für den Vortrag vor.
- Denken Sie daran: Der freie Vortrag benötigt in der Regel mehr Zeit als das Vorlesen eines Textes!
- Vorteile der freien Rede:
  - Abwechslungsreichere und lebendigere Gestaltung des Redeflusses
  - Permanente Interaktion mit dem Publikum (Blickkontakt)

Der gelesene Vortrag

- Ausgangspunkt: ein im mündlichen Stil verfasster Text
- Vorbereitung:
  - Üben Sie das Lesen des Textes am besten mit ZuhörerInnen. Achten Sie auf ein langsames Sprechtempo und auf eine deutliche Intonation.
  - Wechseln Sie zur Auflockerung Ihres Vortrages ggf. von Zeit zu Zeit in die freie Rede, z. B. um einen bestimmten Punkt nochmals extra hervorzuheben.
  - Bereiten Sie auch hier einige einleitende Worte als „Sprungbrett" für den Vortrag vor.
- Vorteile eines ausgearbeiteten Vortragstextes:
  - Darstellung komplexer Zusammenhänge
  - Genaue Zeitplanung
  - Mehr Sicherheit: Insbesondere wenn Sie zu Nervosität oder Lampenfieber neigen, wird Ihnen ein gut ausgearbeiteter und zur Übung mehrmals laut gelesener Text mehr Sicherheit für Ihren Vortrag geben.

Generalprobe

Machen Sie vor jedem Referat immer mindestens eine Generalprobe mit Publikum (StudienkollegInnen, FreundInnen usw. – im Notfall tut es auch ein Spiegel). Nur so können Sie die tatsächliche Vortragszeit ermitteln, Schwächen im Aufbau erkennen, die wiederholte Verwendung von Füllwörtern oder Floskeln wahrnehmen, den Fluss Ihrer Formulierung testen und bestehende Argumentationslücken erkennen. Die folgenden Fragen sollten Sie während der Generalprobe mitberücksichtigen:

- Sind die zentralen Thesen (des Textes) und meine eigenen Gedanken klar und deutlich formuliert?
- Habe ich wirklich verstanden, worüber ich rede? Wenn nicht: Was habe ich verstanden und was nicht? Wo sind meine Wissenslücken?

- Kann ich alle Begriffe und Termini, die ich verwende, auf Rückfragen hin auch selbst erklären?
- Bleibe ich im Rahmen der vorgegebenen Zeit? Verfüge ich über einen Spielraum für Unvorhergesehenes?

> **Tipp:** Markieren Sie Abschnitte in Ihrem Manuskript, die Sie ggf. auslassen können (ohne dass das Referat dadurch unverständlich wird oder wesentliche Gedanken entfallen), für den Fall, dass die Zeit knapp wird.

5.3.2 Vortragssituation

Für einen gelungenen Vortrag oder ein spannendes Referat gibt es kein Patentrezept. Die Beachtung einiger Grundregeln sowie eine sehr gute Vorbereitung helfen Ihnen aber, einige häufige Fehler zu vermeiden und Ihren Vortrag von Mal zu Mal zu verbessern:

- Der Vortrag sollte Ihnen selbst und den ZuhörerInnen Spaß machen. Ein lustlos vorgetragenes Referat wird Ihre ZuhörerInnen kaum überzeugen.
- Kontrollieren Sie im Vorhinein, ob die Technik funktioniert (z. B. bei PowerPoint-Präsentationen).
- Warten Sie mit dem Beginn Ihres Referats oder Vortrags, bis Ruhe im Raum eingekehrt ist, insbesondere, falls Sie Thesenpapiere verteilen.
- Achten Sie darauf, dass Sie die vorgegebene Zeit exakt einhalten.

Verständlichkeit

Ihr Referat kann inhaltlich noch so gut durchdacht und ausgearbeitet sein: Wenn es Ihnen nicht gelingt, Ihre Gedanken und Argumente verständlich und auf ansprechende Weise Ihren ZuhörerInnen zu vermitteln, hat Ihr Referat sein Ziel verfehlt. Folgende Punkte sollten Sie berücksichtigen:

- Achten Sie auf einen einfachen, klar verständlichen Satzaufbau. Vermeiden Sie komplexe und verschachtelte Satzkonstruktionen.
- Achten Sie auf einen gut strukturierten und nachvollziehbaren Aufbau Ihres Vortrages.
- Seien Sie sparsam in der Verwendung von Fremdwörtern.
- Führen Sie wichtige terminologische Begriffe gesondert ein und versuchen Sie, diese verständlich zu erklären.
- Machen Sie während Ihres Vortrages immer wieder kurze Pausen. Markieren Sie in Ihrem Manuskript Stellen, die sich dazu eignen.

- Versuchen Sie, Ihre inhaltlichen Ausführungen nach Möglichkeit durch Beispiele aufzulockern und zu illustrieren.
- Versuchen Sie, Ihr Publikum immer wieder direkt anzusprechen.

Zitate

Zitate sollten in Vorträgen sparsam verwendet werden, da sie den Redefluss stören, oft sehr komplex sind und die ZuhörerInnen häufig nicht wissen können, *wer* tatsächlich gerade spricht: der/die ReferentIn, der/die AutorIn des referierten Textes oder der/die AutorIn eines Sekundärtextes? Wenn Sie dennoch Zitate verwenden, versuchen Sie, die folgenden Punkte zu beachten:

- Längere Zitate sollten auf dem Handout zum Mitlesen zur Verfügung gestellt werden.
- Zitate sollten nicht einfach als Beweis oder Evidenz für die eigene These verwendet werden. Vielmehr ist es ratsam, ein Zitat nur dann zu verwenden, wenn es sich nicht besser sagen lässt oder wenn es dazu dient, einen bestimmten Argumentationsgang prägnant zu illustrieren.

Körpersprache

Ihre Körpersprache trägt wesentlich zur Wirkung Ihres Vortrages bei. Bitten Sie befreundete Studierende, Ihnen nach Ihrem Referat eine detaillierte Rückmeldung zu Ihrer Körpersprache – einschließlich Verbesserungsvorschlägen – zu geben oder stellen Sie sich selbst folgende Fragen:

- Sprache: Spreche ich langsam, laut und deutlich? Verschlucke ich einzelne Endungen von Wörtern? Intoniere ich deutlich und mit entsprechender Emphase? Spreche ich in einer angenehmen Stimmlage?
- Blickkontakt: Schaue ich die ZuhörerInnen an – und zwar alle und nicht nur einige? Blicke ich vielleicht immer nur in eine bestimmte Richtung oder einen bestimmten Teil des Raums?
- Körpersprache: Wo sind meine Hände, Arme, Beine usw.? Wie sitze oder stehe ich? Welchen Eindruck vermittelt meine Körpersprache: Anspannung, Gelassenheit, Interesse, Aufmerksamkeit, Langeweile?

Technische Medien

Auch wenn der Einsatz technischer Medien mittlerweile Standard ist, so bringt die Verwendung technischer Medien nicht nur Vorteile mit sich. Jeder von uns kennt Situationen, in denen der oder die Vortragende mit der nicht funktionierenden Technik zu kämpfen hat oder in denen der Vortrag selbst nur noch aus einer raschen Abfolge von PowerPoint-Folien zu bestehen scheint. Überlegen Sie sich vorher genau, ob, wie und wozu Sie im Rahmen eines Referats technische Medien einsetzen möchten. Nicht für jeden Vortrag und für jedes Thema ist jedes technische Medium gleichermaßen gut geeignet. Folgende Punkte sollten Sie dabei beachten:

- Jedes Medium beeinflusst mehr oder weniger den Inhalt, den Sie vermitteln wollen.
- Audiovisuelle Medien (PowerPoint-Folien, Flipchart, Overhead-Folien, Bilder usw.) können helfen, einen Vortrag zu strukturieren und interessanter zu machen, sie können aber auch vom Wesentlichen ablenken.
- Medien sollten daher immer mit Vorsicht und überlegt eingesetzt werden: Was leistet das Medium über den mündlichen Vortrag hinaus? Lenkt es ab – oder hilft es, das Referat zu strukturieren und zentrale Punkte zu illustrieren?
- Machen Sie sich nie ganz von der verwendeten Technik abhängig. Denken Sie daran: Auch der beste Beamer kann plötzlich seinen „Geist" aufgeben. Für diesen Fall sollten Sie immer einen Plan B in der Tasche haben.

PowerPoint & Co

Für die Verwendung von PowerPoint und vergleichbaren Programmen anderer Anbieter empfehlen sich die folgenden Grundsätze:

- Möglichst hoher Kontrast: dunkle Schrift auf hellem Hintergrund Achten Sie darauf, dass sich die Folien leicht ausdrucken lassen. Wenn Sie einen dunklen Hintergrund verwenden, wird der Toner Ihres Druckers bald leer sein.
- Klare und übersichtliche Struktur
- Keine exotischen Schriftarten
- Wenige Stichpunkte und nicht zu viel Text pro Seite
- Große, klare Bilder, Grafiken, Diagramme usw.
- Versichern Sie sich im Vorhinein, dass der für die Präsentation verwendete PC oder Laptop Ihre Dateien auch lesen kann. Wechseln Sie ggf. auf ein universal lesbares Dateiformat (z. B. anstelle von .ppt auf .pdf).

Tipp: Verzichten Sie möglichst auf Effekte und Animationen! Diese lenken häufig vom Inhalt des Vortrags ab.

5.3.3 Moderation von Referaten und Vorträgen

Die Moderationen von Vorträgen, Workshops, Diskussionsrunden und Konferenzen bildet einen zentralen Aspekt des wissenschaftlichen und akademischen Diskurses. Aber auch bereits im Rahmen von Lehrveranstaltungen kann eine Moderation sinnvoll sein. Zumindest bei Gruppenreferaten sollte eine Person die Moderation übernehmen, um einen reibungslosen Ablauf zu gewährleisten. Der/die Moderator/in sollte dabei die folgenden Aufgaben übernehmen:

- „Rahmung" der Vortragssituation
  Folgende Fragen sollten im Vorhinein geklärt werden: Sind alle Beteiligten ausreichend informiert? Sind Zeitplan, die Reihenfolge der Vortragenden und allgemeine Vorgehensweise bekannt? Wollen die Vortragenden lieber stehen oder sitzen? Steht ein Pult oder Ähnliches zur Verfügung? Ist der Raum ausreichend beleuchtet? Funktioniert die benötigte Technik (Laptop, Overheadprojektor, Beamer usw.)? Haben die Vortragenden ein Glas Wasser zur Verfügung?

- Vorstellung der Vortragenden
  Notieren Sie sich die Namen (und Aussprache) sowie – abhängig vom jeweiligen Kontext (Vortrag in einem Seminar, bei einer Konferenz usw.) – wichtige Eckdaten: wissenschaftlicher Lebenslauf, Arbeitsgebiete, Publikationen usw.

- Zeitmanagement
  Schreiben Sie sich den genauen Beginn des Vortrages auf. Sagen Sie dem/der Vortragenden vor Beginn, dass sie ihm/ihr z. B. drei Minuten vor Schluss ein kurzes Signal geben werden.

- Herstellung von Überleitungen zwischen den einzelnen Abschnitten:
  1. Einleitung und Vorstellung der Vortragenden
  2. Herstellung von thematischen Übergängen zwischen den Vortragenden bzw. kurze Zusammenfassung zum Schluss
  3. Danksagung an die Vortragenden
  4. Eröffnung und Leitung der Diskussion
  5. Beendigung der Diskussion: Danksagung an die Vortragenden und die ZuhörerInnen

5.3.4 Diskussion

In der Regel ist die gemeinsame Abschlussdiskussion ein integraler Bestandteil eines Referats oder Vortrags. Hierbei gilt es, die folgenden Punkte zu beachten:

Hinweise für die ZuhörerInnen

- Notieren Sie sich Fragen während des Vortrages.
- Versuchen Sie das, worauf sich Ihre Frage bezieht, mit eigenen Worten zu paraphrasieren, und formulieren Sie dann prägnant Ihre Frage.

- Betonen Sie immer auch positive Aspekte.
- Vermeiden Sie Namedropping und Fachjargon.
- Reden Sie DiskussionsteilnehmerInnen persönlich an (Blickkontakt) und sprechen Sie nicht in der dritten Person über eine anwesende Person.

Hinweise für die Vortragenden

- Seien Sie auf eventuelle Einwände oder Kritikpunkte an Ihren Ausführungen vorbereitet. Es ist immer ratsam, sich ggf. einige Aspekte für die Diskussion aufzusparen.
- Machen Sie sich kurze Notizen zu den an Sie gerichteten Fragen.
- Wenn Ihnen die Frage nicht ganz klar ist, bitten Sie den Fragenden, seine Frage zu reformulieren, oder versuchen Sie selbst, die Frage zu reformulieren, um sie dann angemessen zu beantworten.

6   Philosophische Disziplinen, Strömungen und Hauptwerke

Im folgenden Kapitel wird die klassische und moderne Einteilung der Philosophie in Disziplinen, Strömungen und Schulen dargelegt. Ergänzt wird diese Darstellung durch eine Graphik der Hauptströmungen und ihrer VertreterInnen für das 20. Jahrhundert. Abschließend werden – geordnet nach historischen Epochen – die Hauptwerke der Philosophie einschließlich der gängigen Zitationsweisen und Abkürzungen (Siglen) angeführt.

6.1 Philosophische Disziplinen und Strömungen

Der Versuch, die Philosophie in klar abgegrenzte historische Epochen, (Denk-)Traditionen, Teildisziplinen, Strömungen und Schulen einzuteilen, ist wie jede Klassifizierung und Kategorisierung nicht frei von Setzungen und impliziten Vorannahmen darüber, was überhaupt als Philosophie zählt und was nicht. In der Tat ist die Philosophie alles andere als eine monolithische Wissenschaft, sondern hat im Laufe ihrer geschichtlichen Entwicklung zahlreiche Transformationen und Umgestaltungen erfahren. Ursprünglich klassische Teilbereiche der Philosophie haben sich als eigenständige Disziplinen etabliert (wie z. B. die Physik), andere Teilbereiche kamen im Lauf der Geschichte der Philosophie hinzu (wie z. B. die Ästhetik) oder haben zum Teil das Verständnis der Philosophie im Ganzen grundlegend verändert (wie z. B. die Sprachphilosophie im 20. Jahrhundert).

Die beiden üblichsten Einteilungsweisen der Philosophie sind einerseits die historische Unterteilung der Philosophie in philosophiegeschichtliche Epochen und andererseits die systematische Unterteilung in einzelne Teilbereiche oder -disziplinen. Darüber hinaus finden sich noch Einteilungsversuche der Philosophie nach Regionen, Ländern und/oder Religionen. Einen guten graphischen Überblick über die Epochen und Strömungen der Philosophiegeschichte vermitteln:

„Geschichte der Philosophie", in: *Wikipedia. Die freie Enzyklopädie*, http://de.wikipedia.org/wiki/Geschichte_der_Philosophie (Zugriff 26.2.2018).

Holenstein, Elmar: *Philosophie-Atlas. Orte und Wege des Denkens.* Zürich: Ammann 2004.

Kunzmann, Peter; Burkhard, Franz-Peter: *Dtv-Atlas zur Philosophie*. Mit 115 Farbseiten v. Axel Weiß. München: dtv 2013.

Zu den einzelnen Teildisziplinen der Philosophie vgl. u. a.:

Pieper, Annemarie (Hg.): *Philosophische Disziplinen: Ein Handbuch*. Leipzig: Reclam 1998.

Sandkühler, Hans Jörg (Hg.): *Enzyklopädie Philosophie*. 3 Bde. Neuauflage. Hamburg: Meiner 2010 [auch als CD-ROM].

6.1.1 Einteilungen nach Regionen, Ländern oder Weltreligionen

- Westliche (europäische, abendländische) Philosophie und Östliche (ostasiatische) Philosophie
- Deutsche, Französische, Angelsächsische, Chinesische, Japanische, Indische, Afrikanische, Indianische Philosophie usw.
- Christliche, Jüdische, Islamische, Buddhistische, Hinduistische Philosophie usw.

6.1.2 Einteilung nach historischen Epochen

- Philosophie der Antike (Vorsokratiker, Griechische Klassik, Hellenismus): ca. 500 v. Chr.–300 n. Chr.
- Philosophie des Mittelalters (Patristik, Scholastik): ca. 300–1400
- Philosophie der Renaissance: ca. 1400–1600
- Philosophie der Neuzeit und der Aufklärung: ca. 1600–1800
- Philosophie des 19. Jahrhunderts
- Philosophie des 20. Jahrhunderts
- Philosophie des 21. Jahrhunderts

6.1.3 Einteilung nach philosophischen Teilbereichen oder -disziplinen

Lehrpläne und Einführungen in die Philosophie gehen bis heute von der klassischen Dreiteilung in *Theoretische Philosophie*, *Praktische Philosophie* und *Geschichte der Philosophie* aus; gelegentlich wird darüber hinaus der Ästhetik eine eigenständige Stellung zugesprochen. In den letzten Jahrzehnten hat die Philosophie jedoch eine Ausdifferenzierung erfahren, die sich mit diesem Schema kaum noch erfassen lässt. Die folgende Einteilung dient daher lediglich zur Orientierung.

Theoretische Philosophie

- Metaphysik und Ontologie
- Erkenntnistheorie
- Logik
- Naturphilosophie
- Sprachphilosophie
- Wissenschaftstheorie und -philosophie
- Philosophie des Geistes

Praktische Philosophie

- Ethik/Moralphilosophie
- Ethik, angewandte bzw. bereichsspezifische
- Sozialphilosophie
- Politische Philosophie
- Rechtsphilosophie
- Ästhetik
- Anthropologie, philosophische
- Geschichtsphilosophie
- Interkulturelle Philosophie
- Kulturphilosophie
- Religionsphilosophie
- Medienphilosophie
- Technikphilosophie

6.1.4 Einteilung nach philosophischen Strömungen und Schulen

Philosophische Strömungen und Schulen definieren sich durch ihre Ansätze und Methoden, die durch eine Gruppe von WissenschaftlerInnen (in einem losen Verbund oder in Form einer „Schule", z. B. „Frankfurter Schule" oder „Wiener Kreis") propagiert und vertreten werden – oft unter Berufung auf eine oder mehrere Gründungsautoritäten. Manche Kennzeichnungen, wie z. B. die Unterteilung in Rationalismus und Empirismus, sind dagegen nachträgliche Zuschreibungen und Schematisierungen, die in ihrer Zeit weder verwendet wurden noch bekannt waren. Hier seien exemplarisch nur die wichtigsten Strömungen ab der Neuzeit genannt.

Neuzeit

- Rationalismus
- Empirismus
- Aufklärung

19. Jahrhundert

- Deutscher Idealismus
- Positivismus
- Materialismus
- Marxismus
- Kantianismus, (Neu-)Kantianismus
- Lebensphilosophie
- Pragmatismus

20. Jahrhundert

- Analytische Philosophie, Postanalytische Philosophie
- Dekonstruktion
- Diskursanalyse
- Existenzphilosophie
- Feministische Philosophie
- Hermeneutik
- Konstruktivismus, Radikaler Konstruktivismus
- Kritische Theorie („Frankfurter Schule")
- Kritischer Rationalismus
- Logischer Empirismus („Wiener Kreis")
- Marxismus, Postmarximus
- Phänomenologie
- Postmoderne
- Pragmatismus, Neopragmatismus
- Strukturalismus, Poststrukturalismus

Die Graphik auf S. 131 soll – ohne Anspruch auf Vollständigkeit – einen groben Überblick über die zentralen Strömungen der Philosophie des 20. Jahrhunderts (bis ca. 1990) einschließlich ihrer wichtigsten VertreterInnen vermitteln.

Schematische Darstellung der philosophischen Strömungen des 20. Jahrhunderts

Theoretische und wissenschaftliche Transformationsprozesse am Ende des 19. und Anfang des 20. Jahrhunderts

Ch. Darwin (1809–82)
Biologie & Evolutionstheorie

A. Einstein (1879–1955)
W. Heisenberg (1901–76)
Relativitäts- & Quantentheorie

D. Hilbert (1862–1943)
K. Gödel (1906–78)
Mathematik

F. Nietzsche (1844–1900)
„Kritik der Metaphysik"

S. Freud (1856–1939)
Psychoanalyse

K. Marx (1818–83)
Politische Ökonomie

Mensch & Natur

Wissenschafts- & Erkenntnistheorie

Entwicklungs-psychologie
J. Piaget
(1896–1980)

Neukantianismus
E. Cassirer
(1874–1945)

Evolutionäre Erkenntnistheorie
K. Popper
(1902–94)

T. Kuhn
(1922–1996)
P. Feyerabend
(1924–1994)

Radikaler Konstruktivismus
Heinz v. Foerster
(1911–2002)
E. v. Glasersfeld
(1917–2010)
H. Maturana
(*1928)

Feminist. Wissenschafts-theorie
S. Harding (*1935)
E. Fox Keller (*1936)
D. Haraway (*1944)

Analyt. Philosophie

G. Frege
(1848–1925)

B. Russell
(1872–1970)
G. E. Moore
(1873–1958)

Log. Positivismus / Wiener Kreis
M. Schlick
(1882–1936)
R. Carnap
(1891–1970)

L. Wittgenstein
(1889–1951)

Philosophie der idealen Sprache
W. v. O. Quine
(1908–2001)
D. Davidson
(1917–2003)

J. McDowell
(*1942)
R. Brandom
(*1959)

Philosophie der normalen Sprache
G. Ryle
(1900–1976)
J. L. Austin
(1911–60)
P. Strawson
(1919–2006)
J. Searle
(*1932)

Neopragmatismus
H. Putnam
(*1926)
R. Rorty
(1931–2007)

Sprache

Pragmatismus

Ch. S. Peirce
(1839–1914)

W. James
(1842–1910)
J. Dewey
(1859–1952)

Strukturalismus

F. de Saussure
(1857–1913)

R. Jakobson (1896–1982)
(Sprachwiss.)
C. Lévi-Strauss
(1908–2009)
(Anthropologie)
J. Lacan
(1901–81)
(Psychoanalyse)
L. Althusser
(1918–90)
(Marxismus)
R. Barthes
(1915–80)
(Semiotik)

J.-F. Lyotard
(1924–98)
G. Deleuze
(1925–95)

Diskursanalyse
M. Foucault
(1926–84)

Hermeneutik

M. Heidegger
(1889–1976)

H.-G. Gadamer
(1900–2002)

P. Ricœur
(1913–2005)

Dekonstruktion
J. Derrida (1930–2004)

Dasein & Bewusstsein

Phänomenologie

E. Husserl
(1859–1938)

K. Jaspers
(1883–1969)
H. Arendt
(1906–75)

Existentialismus
J.-P. Sartre
(1905–80)
A. Camus
(1913–60)

M. Merleau-Ponty
(1908–61)
E. Levinas
(1906–95)

Gesellschaft & Kultur

Kritische Theorie / Frankfurter Schule

E. Bloch
(1885–1977)
H. Marcuse
(1889–1979)
W. Benjamin
(1892–1940)
M. Horkheimer
(1895–1973)
Th. W. Adorno
(1903–73)

Transzendental-pragmatik / Theorie des kommunikativen Handelns
K.-O. Apel
(1922–2017)
J. Habermas
(*1929)

J. Rawls
(1921–2002)
M. Nussbaum
(*1947)

Feminist. Philosophie & Gender-Theorie
S. de Beauvoir
(1908–86)
L. Irigaray (*1932)
J. Kristeva (*1941)
J. Butler (*1956)

6.2 Hauptwerke der Philosophie

Leselisten für PhilosophInnen

Es gibt in der Philosophie keinen einheitlichen Lesekanon, insbesondere bei der Gewichtung der Gegenwartsphilosophie gehen die Ansichten weit auseinander. Welche Texte an einer bestimmten Universität als grundlegend erachtet werden, hängt nicht zuletzt von der thematischen Ausrichtung des jeweiligen Instituts und auch von den Forschungsschwerpunkten der Dozierenden ab. Einige philosophische Institute führen eigene Literaturlisten oder Lektüreempfehlungen auf ihren Internetseiten an. Eine umfangreiche Leseliste für PhilosophInnen (historischer und systematischer Natur) findet sich in:

Pieper, Annemarie; Thurnherr, Urs: *Was sollen Philosophen lesen?* Berlin: Schmidt 1994.

Eine Zusammenstellung der klassischen Werke der Philosophie findet sich in:

Quante, Michael (Hg.): *Kleines Werklexikon der Philosophie.* Vorarbeiten von Franco Volpi. Unter Mitarbeit von Matthias Hoesch. Stuttgart: Kröner 2012.

Zimmer, Robert: *Basis Bibliothek Philosophie. Hundert klassische Werke.* Stuttgart: Reclam 2009.

„Portal:Philosophie/Liste wichtiger philosophischer Werke", in: *Wikipedia. Die freie Enzyklopädie,* http://de.wikipedia.org/wiki/Portal:Philosophie/Liste_wichtiger_philosophischer_Werke (Zugriff 26.2.2018).

Die hier vorgenommene Auswahl wichtiger Texte der Philosophiegeschichte soll einen ersten Überblick über Hauptwerke der Philosophie bieten. Dabei wird sowohl auf leicht zugängliche Studienausgaben als auch auf die gängigsten Werkausgaben hingewiesen.

Zitation philosophischer Hauptwerke

Für viele philosophische Klassiker haben sich im Laufe der Zeit gängige Zitationsweisen durchgesetzt. Im Folgenden wird daher auch auf die gängigsten Abkürzungen philosophischer Werke (Siglen) und ihre Zitierweise verwiesen. Neben allgemein gebräuchlichen Siglen, wie z.B. GA (= Gesamtausgabe), GW (= Gesammelte Werke), SW (= Sämtliche Werke), WA (= Werkausgabe), gibt es durchaus noch weitere. Die folgende Auflistung soll einen ersten Überblick geben. Weiterführende Informationen hierzu finden Sie in den einschlägigen Einführungen und Handbüchern.

Tipp: Die bereits angeführten Einführungen (s. Kap. 1) bieten einen guten Einstieg in das Denken einzelner PhilosophInnen bzw. in diverse Hauptwerke der Philosophiegeschichte. Dort finden sich auch Verweise auf die Standard-Sekundärliteratur und weiterführende Forschungsliteratur sowie die gängigen Abkürzungen der Hauptwerke.

6.2.1 Philosophie der Antike

Für die antike griechische Literatur gibt es standardisierte Autoren- und Werkabkürzungen. International haben sich die Abkürzungslisten von *Der Neue Pauly* (DNP) sowie Liddell und Scott etabliert:

Der Neue Pauly. Enzyklopädie der Antike. 16 Bde. Hg. v. Hubert Cancik. Stuttgart/Weimar: Metzler 1996–2003.

Liddell, Henry George; Scott, Robert (Hg.): *A Greek-English Lexicon.* 9., neub. Aufl. v. Henry Stuart Jones u. Roderick McKenzie. Oxford: Clarendon 1996.

Diese Liste findet sich z. B. auch in:

Horn, Christoph; Rapp, Christof (Hg.): *Wörterbuch der antiken Philosophie.* München: Beck 2002, 473–483.

Eine umfassende digitale Textsammlung der griechischen Originaltexte mit englischen Übersetzungen bietet:

Perseus Digital Library, http://www.perseus.tufts.edu/hopper/ (Zugriff 26.2.2018).

Tipp: Für das Philosophiestudium sind zumindest rudimentäre Kenntnisse des Griechischen unabdingbar. Es empfiehlt sich darüber hinaus, die unterschiedlichen Übersetzungen miteinander zu vergleichen. Einen ersten Einstieg in das Griechische unter besonderer Berücksichtigung der Philosophie bietet:

Dunshirn, Alfred: *Griechisch für das Philosophiestudium.* 2., aktual. Aufl. Wien: facultas.wuv 2013 (= UTB 8403).

Vorsokratiker

Zu den Vorsokratikern werden diejenigen Denker gezählt, die in Griechenland zwischen 600–400 v. Chr. (vor der klassischen attischen Philosophie) gewirkt haben. Die Vorsokratiker stehen für unterschiedliche Positionen und bilden daher keine einheitliche Gruppe. Von ihnen sind neben Anekdoten und Lebensberichten lediglich Fragmente überliefert. Zu den bekanntesten von ihnen zählen: Thales (um 625–546 v. Chr.) sowie seine Schüler Anaximander (um 610–547 v. Chr.) und Anaximenes (um 585–528 v. Chr.), Parmenides (um 515–445 v. Chr.), Heraklit (um 520–460 v. Chr.), Pythagoras (um 570–510 v. Chr.), Empedokles (um 495–435 v. Chr.) und Demokrit (um 460–400 oder 380 v. Chr.).

Zitiert werden die Vorsokratiker nach:

Die Fragmente der Vorsokratiker. Griechisch und Deutsch. 3 Bde. Übers. u. hg. v. Hermann Diels u. Walther Kranz. Hildesheim: Weidmann 2004 [unveränd. Nachdr. der 6. Aufl. 1951].

Die einzelnen Philosophen haben in dieser ersten umfangreichen Textsammlung jeweils eine Kennziffer (z. B. Heraklit: 22; Parmenides: 28). Wörtliche Fragmente werden mit dem Buchstaben *B* gekennzeichnet, Zeugnisse und Berichte mit dem Buchstaben *A*. Die einzelnen Fragmente sind fortlaufend nummeriert.

In der Fachliteratur wird z. B. das *Proömium* des *Lehrgedichts* von Parmenides gemäß der Diels-Kranz-Zählung wie folgt zitiert: „DK 28 B 1". Aufgeschlüsselt heißt das: DK [= Diels/Kranz] 28 [= Kennziffer für Parmenides] B [= wörtliches Fragment] 1 [= Reihung der Fragmente nach DK].

Eine Auswahl der wichtigsten Fragmente bietet:

Die Vorsokratiker. Griechisch/Deutsch. 2 Bde. Ausw. der Fragmente, Übers. u. erl. v. Jaap Mansfeld. Stuttgart: Reclam 1983–1986.

Platon (427–347 v. Chr.)

Werkausgaben:

Platonis opera quae existant omnia. 3 Bde. Hg. v. Henricus Stephanus. Genf 1578.

Platon: *Werke in acht Bänden: Griechisch/Deutsch.* Hg. u. überarb. v. Gunther Eigler u. a. Dt. Übers. gemäß der Schleiermacher'schen, teilweise der Hieronymus-Müller'schen u. teilweise Neuübers. Griechischer Text aus der Sammlung Budé (Les Belles Lettres, Paris). 6. unveränd. Aufl. Darmstadt: Wissenschaftliche Buchgesellschaft 2010.

Eine kommentierte deutsche Gesamtausgabe ist im Erscheinen:

Platon: *Werke. Übersetzung und Kommentar.* [Geplant:] 36 Bde. Im Auftrag der Kommission für Klassische Philologie der Akademie der Wissenschaften und der Literatur zu Main. Hg. v. Ernst Heitsch, Carl Werner Müller u. Kurt Sier. Göttingen: Vandenhoeck & Ruprecht 1994 ff.

Tipp: Als klassische (Gesamt-)Übersetzung von Platon ins Deutsche gilt die von Schleiermacher, die sich stark am Griechischen orientiert. Darüber hinaus ist es ratsam, parallel moderne deutsche Übersetzungen zu konsultieren.

Wichtige Werke:

Fast alle platonischen Dialoge sind für die Philosophiegeschichte von großer Bedeutung. Zitiert wird Platon nach den Seitenzahlen und Abschnittsbuchstaben der *Stephanus-Ausgabe*.

Platonis opera quae existant omnia. 3 Bde. Hg. v. Henricus Stephanus. Genf 1578.

Wissenschaftlich brauchbar und zitierfähig sind daher alle Ausgaben, die am Rand die Seitenzählung der Stephanus-Ausgabe aufweisen. In der Fachliteratur wird z. B. der Beginn des Höhlengleichnisses in der *Politeia/ Der Staat* gemäß der Stephanus-Paginierung wie folgt zitiert: „Pl. [oder: Platon] Rep. 514 a 1".

Aufgeschlüsselt heißt das: Pl. [= Platon] Rep. [= „res publica" = *Politeia/ Der Staat*] 514a 1 [Seitenzahl 514, Spalte a, Zeile 1 der *Stephanus-Ausgabe*].

Die platonischen Dialoge werden wie folgt abgekürzt:

Alkibiades I	Alc. I
Apologie (Die Verteidigung des Sokrates)	Apol.
Charmides	Charm.
Kratylos	Crat.
Kriton	Cri.
Kritias	Criti.
Briefe	Ep. (von lat. *epistulae*)
Euthydemos	Euthd.
Euthyphron	Euthphr.
Hippias maior	Hp.mai.
Hippias minor	Hp.min.
Laches	La.
Nomoi (Gesetze)	Leg. (von lat. *leges*)
Lysis	Ly.
Menon	Men.
Menexenos	Mx.
Phaidon	Phd.
Phaidros	Phdr.
Philebos	Phlb.
Politikos (Der Staatsmann)	Pol.
Protagoras	Prot.
Politeia (Der Staat)	Rep. (von lat. *res publica*)
Sophistes	Soph.
Symposion (Das Gastmahl)	Symp.
Timaios	Tim.

Aristoteles (384–322 v. Chr.)

Werkausgaben:

Aristotelis opera, ex recensione Immanuelis Bekkeri. Hg. v. d. Preußischen
Akademie der Wissenschaften. Berlin 1831–70 [Nachdr.: Berlin:
de Gruyter 1960 f.].

Eine kommentierte Gesamtausgabe ist im Erscheinen:

Aristoteles: Werke. Hg. v. Ernst Grumach, fortgef. v. Hellmut Flashar. Berlin:
Akademie 1956 ff. [bislang sind über 30 Bände erschienen].

Tipp: Es gibt bei Aristoteles keine klassische deutsche Gesamtausgabe.
Übersetzungen der einschlägigen Fachverlage (Meiner, Rowohlt,
Reclam, Artemis & Winkler usw.) sind unterschiedlicher Qualität. Auch
hier ist der Vergleich mit dem griechischen Original und den diversen
Übersetzungen oft sehr aufschlussreich.
Empfehlenswert sind die umsichtig eingeleiteten und kommentierten
griechisch-englischen Ausgaben zu Aristoteles in der sogenannten
Loeb Classical Library (Harvard: Harvard University Press).

Wichtige Werke:
Ähnlich wie bei Platon sind die aristotelischen Werke von hoher philosophischer Relevanz. Zitiert wird nach den Seitenzahlen und Abschnittsbuchstaben der Bekker-Ausgabe:

Aristotelis opera, ex recensione Immanuelis Bekkeri. Hg. v. d. Preußischen
Akademie der Wissenschaften. Berlin 1831–1870 [Nachdr.:
Berlin: de Gruyter 1960 f.].

Wissenschaftlich brauchbar sind daher alle Ausgaben, die die Seiten-
zählung der Bekker-Ausgabe aufweisen. In der Fachliteratur wird z. B. der
Beginn der aristotelischen Metaphysik gemäß der Bekker-Paginierung wie
folgt zitiert: „Arist. Met. I 1, 981a15". Aufgeschlüsselt heißt das: Arist. [=
Aristoteles] Met. [= Metaphysik] (I 1,) [= Buch I, Kapitel 1; Buch- und
Kapiteleinteilung müssen nicht zwingend angegeben werden] 981a15 [=
Seitenzahl, Spalte, Zeile der Bekker-Ausgabe].
Die Schriften des Aristoteles werden häufig in die vier Bereiche Logische,
Theoretische, Praktische und Poietische Wissenschaft unterteilt. Vgl. hier-
zu u. a.:

„Aristoteles", in: Wikipedia. Die freie Enzyklopädie, http://de.wikipedia.
org/wiki/Aristoteles.

Shields, Christopher, „Aristotle", in: *The Stanford Encyclopedia of Philosophy*. Ed. by Edward N. Zalta, Winter 2016 Edition, http://plato.stanford.edu/entries/aristotle/.

Logische Wissenschaft („Organon")	Theoretische Wissenschaft	Praktische Wissenschaft	Poietische Wissenschaft
Kategorien (Cat.)	Metaphysik (Met.)	Nikomachische Ethik (EN)	Rhetorik (Rhet.)
Lehre vom Satz/De interpretatione (Int./De int.)	Physik (Phys.)	Eudemische Ethik (EE)	Poetik (Poet.)
Erste Analytik/Analytica priora (An. pr./APr.)	Über die Seele/De anima (An./De an.)	Politik (Pol.)	
Zweite Analytik/Analytica posteriora (An. post./APo.)			
Topik (Top.)			
Sophistische Widerlegungen/ Sophistici elenchi (Soph. el./SE)			

Sextus Empiricus (ca. 200–250)

Werkausgaben:

Sexti Empirici Opera. 4 Bde. Hg v. Hermann Mutschmann, Jürgen Mau u. Karel Janáček: Leipzig: Teubner [2]1959–62.

Wichtige Werke:

Sextus Empiricus: *Grundriß der pyrrhonischen Skepsis*. Einl. u. Übers. v. Malte Hossenfelder. Frankfurt am Main: Suhrkamp [2]1993 [Sigle: PH für *Pyrroneion hypotyposeon*].

Plotin (ca. 205–270)

Werkausgaben:

Plotini opera. Hg. v. Paul Henry, Hans-Rudolf Schwyzer u. Geoffrey Lewis. Paris: Desclée de Brouwer 1951–1973.

Plotin: *Schriften. Griechisch/Deutsch.* 12 Bde. Bearb. u. übers. v. Richard Harder, Rudolf Beutler u. Willy Theiler. Hamburg: Meiner 1956–1971 [Neudruck 2004].

Wichtige Werke:

Plotin: *Seele – Geist – Eines. Enneade IV 8, V 4, V 1, V 6 u. V 3. Griechisch/ Deutsch.* Hg. v. Klaus Kremer. Hamburg: Meiner 1990 [Die *Enneaden* werden nach röm. Ziffern und arab. Abschnitten zitiert; z. B. I 6 = „Das Schöne"].

6.2.2 Philosophie des Mittelalters

Aurelius Augustinus (354–430)

Werkausgaben:

Augustinus, Aurelius: *Patrologia Latina.* Bd. 32–47. Hg. v. Jacques Paul Migne. Paris: Migne 1844–1864 [elektronisch verfügbar als Datenbank: *Patrologia Latina.* Cambridge: Chadwick-Healey 2010].

Augustinus, Aurelius: *Opera omnia. Studio monachorum ordinis S. Benedictini.* 11 Bde. Paris: Congregatione S. Mauri 1679–1700.

Augustinus, Aurelius: *Augustinus Opera – Werke. Kritische Gesamtausgabe. Lateinisch/Deutsch.* [Geplant:] 82 Bde. Hg. v. Wilhelm Geerlings, Siegmar Döpp, Therese Fuhrer, Andreas Hoffmann u. Bernd Neuschäfer. Seit 2006 hg. v. Johannes Brachtendorf, Volker Henning Drecoll, Christoph Horn u. Therese Fuhrer. Paderborn: Schöningh 2002 ff.

Wichtige Werke:

Augustinus, Aurelius: *Bekenntnisse [Confessiones].* Übers. v. Wilhelm Thimme. 10. Aufl. München: dtv 2003 [Sigle: conf.].

Augustinus, Aurelius: *De trinitate. Bücher VIII–XI, XIV–XV, Anhang: Buch V. Lateinisch/Deutsch.* Übers. u. hg. v. Johann Kreuzer. Hamburg: Meiner 2001 [Sigle: trin.].

Augustinus, Aurelius: *De vera religione. Über die wahre Religion. Lateinisch-Deutsch.* Übers. u. Anm. v. Wilhelm Thimme. Nachw. v. Kurt Flasch. Stuttgart: Reclam 1983 [Sigle: uera rel. oder vera rel.].

Augustinus, Aurelius: *Vom Gottesstaat [De civitate dei].* Übers. v. Wilhelm Thimme. Eingel. u. kommentiert v. Carl Andresen. München: dtv 2007 [Sigle: ciu. oder civ.].

Ein *Siglenverzeichnis* der Werke Augustins findet sich in:

Augustinus-Lexikon. Bd. 3. Hg. v. Cornelius Mayer u. a. Basel: Schwabe 2004–10 [als PDF abrufbar unter: http://www.augustinus.de (Zugriff 26.2.2018)].

Anselm von Canterbury (1033–1109)

Werkausgaben:

Anselm von Canterbury: *Opera Omnia*. 2 Bde. Hg. v. Franciscus Salesius
    Schmitt. Stuttgart/Bad Cannstatt: Frommann & Holzboog [2]1984.

Wichtige Werke:

Anselm von Canterbury: *Proslogion/Anrede. Lateinisch/Deutsch*. Übers.,
    Anm. u. Nachw. v. Robert Theis. Stuttgart: Reclam 2005.

Thomas von Aquin (1225–1274)

Werkausgaben:

Thomas von Aquin: *Opera omnia*. Turin/Rom: Marietti 1948 ff. [Texte nach:
    Sancti Thomae de Aquino opera omnia. Hg. v. Papst Leo XIII.
    Roma: Comm. Leonina 1882 ff.].

Wichtige Werke:

Thomas von Aquin: *Summe der Theologie*. [Auswahl] 3 Bde. Hg. u. übers.
    v. Joseph Bernhart. Stuttgart: Kröner [3]1985 [Sigle: STh oder th.].

Die gesuchten Stellen sind in den wissenschaftlich brauchbaren Ausgaben
über die klassisch-scholastischen Unterteilungen in *libri* (Bücher), *questiones* (Fragen), *articuli* (Artikel) einfach zu finden. In der Fachliteratur wird
Thomas wie folgt zitiert: z. B. „STh I, 2, 1". Aufgeschlüsselt heißt das: STh
[= *Summa theologica*] I [= liber/Buch I], 2 [= questio/Frage 2], 1 [= articulus/Artikel 1].

Thomas von Aquin: *Die Deutsche Thomas-Ausgabe. Vollständige, unge-*
    kürzte deutsch-lateinische Ausgabe der „Summa Theologica".
    Hg. v. der Albertus-Magnus-Akademie Walberberg bei Köln.
    Salzburg u.a.: [jetzt:] Styria 1933 ff.

Thomas von Aquin: *Summa contra gentiles. Lateinisch/Deutsch*. Hg. v.
    Karl Albert u. a. Darmstadt: Wissenschaftliche Buchgesellschaft
    [3]2009 [Sigle: ScG oder cg.].

Thomas von Aquin, Thomas: *De ente et essentia/Das Seiende und das*
    Wesen. Lateinisch/Deutsch. Hg. u. übers. v. Franz L. Beeretz.
    Stuttgart: Reclam 1997 [Sigle: De ente oder ente].

Thomas von Aquin: *Von der Wahrheit. De veritate (Quaestio I). Lateinisch/*
    Deutsch. Hg. u. übers. v. Albert Zimmermann. Hamburg Meiner
    1985 [Sigle: De ver oder verit.].

Eine vollständige Übersetzung der *Quaestiones disputatae (De veritate,*
    De potentia Dei, De virtutibus, De malo, De anima) ist im
    Erscheinen:

Thomas von Aquin: *Quaestiones disputatae. Regensburger Ausgabe.*
Vollständige Ausgabe der Quaestionen in deutscher Übersetzung.
Hg. v. Rolf Schönberger. Hamburg: Meiner 2009 ff.

Eine vollständige (lat.) Thomas-Ausgabe (mit Thomas-Lexikon, Bibliographie usw.) findet sich im Internet:

Corpus Thomisticum, http://www.corpusthomisticum.org/index.html
(Zugriff 26.2.2018).

Meister Eckhart (ca. 1260–1327)

Werkausgaben:

Meister Eckhart: *Die deutschen Werke. Die lateinischen Werke.* [Geplant:]
11 Bde. Hg. u. übers. v. Josef Quint. Stuttgart: Kohlhammer 1963 ff.
[Sigle: DW (= Deutsche Werke) und LW (= Lateinische Werke)].

Wichtige Werke:

Meister Eckhart: *Deutsche Predigten und Traktate.* Hg. u. übers. v. Josef
Quint. Zürich: Diogenes 1979.

Meister Eckhart: *Werke.* 2 Bde [sämtliche deutschen Predigten und
Traktate sowie eine Auswahl aus den lateinischen Werken]. Hg. v.
Niklaus Largier. Texte u. Übers. v. Josef Quint. Frankfurt am Main:
Deutscher Klassiker Verlag ²2002.

6.2.3 Philosophie der Renaissance und Neuzeit

Nikolaus von Kues [Nicolai de Cusa; Nicolaus Cusanus] (1401–1464)

Werkausgaben:

Nicolai de Cusa: *Opera omnia. Gesamtausgabe der Heidelberger Akademie.*
Hamburg (früher Leipzig): Meiner 1932 ff. [bislang 20 Bde].

Nikolaus von Kues: *Schriften des Nikolaus von Kues in deutscher Über-*
setzung. Im Auftrag der Heidelberger Akademie. Hamburg (früher Leipzig): Meiner 1936 ff. [jeweils der lateinische Text der kritischen Gesamtausgabe, aber ohne den kritischen Apparat, mit
deutscher Übersetzung].

Wichtige Werke:

Nicolai de Cusa: *De docta ignorantia/Über die belehrte Unwissenheit.* 3 Bde.
Lateinisch/Deutsch. Übers. u. hg. v. Paul Wilpert u. Hans Gerhard
Senger. Hamburg: Meiner 1964–1977 [Sonderausgabe 2001].

Niccolò Machiavelli (1469–1527)

Werkausgaben:

Malato, Enrico u.a. (Hg.): *Edizione nazionale delle opere di Niccolò Machiavelli.* Roma: Salerno 2001 ff. [geplant: 5 Sektionen mit je mehreren Teilbänden].

Machiavelli, Niccolò: *Gesammelte Schriften.* 5 Bde. Hg. v. Hanns Floerke. Übers. v. Johann Ziegler u. Franz Nikolaus Baur. München: Müller 1925.

Wichtige Werke:

Machiavelli, Niccolò: *Il Principe/Der Fürst. Italienisch/Deutsch.* Übers. u. hg. v. Philipp Rippel. Stuttgart: Reclam 1986.

Michel de Montaigne (1533–1592)

Werkausgaben:

Montaigne, Michel: *Œuvres complètes.* Hg. v. Albert Thibaudet u. Maurice Rat. Paris: Gallimard 1967.

Wichtige Werke:

Montaigne, Michel de: *Essais.* Erste moderne Gesamtübersetzung v. Hans Stilett. Frankfurt am Main: Eichborn 1998 [auch als Taschenbuch bei dtv].

Thomas Hobbes (1588–1679)

Werkausgaben:

Hobbes, Thomas: *The Collected Works of Thomas Hobbes.* 11 Bde. Hg. v. William Molesworth. London: Routledge 1992 [Sigle: EW].

Hobbes, Thomas: *Opera philosophica quae latine scripsit omnia.* 5 Bde. Hg. v. William Molesworth. London 1839–1835. Nachdr.: Aalen: Scientia 1962 [Sigle: OL].

Wichtige Werke:

Hobbes, Thomas: *Leviathan oder Stoff, Form und Gewalt eines kirchlichen und bürgerlichen Staates.* Mit Einl. u. Komm. hg. v. Iring Fetscher. Übers. v. Walter Euchner. 13. Aufl. Frankfurt am Main: Suhrkamp 2006.

Blaise Pascal (1623–1662)

Werkausgaben:

Pascal, Blaise: *Œuvres complètes.* 2 Bde. Hg. v. Michel Le Guern. Paris: Gallimard 1998 f.

Wichtige Werke:

Pascal, Blaise: *Gedanken über die Religion und einige andere Themen.* Hg. v. Jean-Robert Armogathe u. übers. v. Ulrich Kunzmann. Stuttgart: Reclam 1997.

Pascal, Blaise: *Gedanken.* Komm. v. Eduard Zwierlein. Berlin: Suhrkamp 2012.

René Descartes (1596–1650)

Werkausgaben:

Descartes, René: *Œuvres de Descartes.* 11 Bde. Hg. v. Charles Adam u. Paul Tannery. Paris: Vrin 1996 [Sigle: AT (= Adam/Tannery)].

Wichtige Werke:

Descartes, René: *Meditationes de prima philosophia/Meditationen über die Grundlagen der Philosophie. Lateinisch/Deutsch.* Übers. u. hg. v. Christian Wohlers. Hamburg: Meiner 2008.

Descartes, René: *Discours de la Méthode. Französisch/Deutsch.* Übers. u. hg. v. Christian Wohlers. Hamburg: Meiner 2011.

Baruch de Spinoza (1632–1677)

Werkausgaben:

Spinoza, Baruch de: *Opera.* Im Auftrag der Heidelberger Akademie der Wissenschaften. 5 Bde. Hg. v. Carl Gebhardt. Heidelberg: Winter 1925–1987.

Spinoza, Baruch de: *Sämtliche Werke.* 8 Bde. Hg. v. Carl Gebhardt u. a. Hamburg: Meiner 1982–1994.

Wichtige Werke:

Spinoza, Baruch de: *Ethik in geometrischer Ordnung dargestellt/Ethica ordine geometrico demonstrata. Lateinisch-Deutsch.* 3., durchg. u. verb. Aufl. Übers. u. hg. v. Wolfgang Bartuschat. Hamburg: Meiner 2010 [Sigle: Eth.].

John Locke (1632–1704)

Werkausgaben:

Locke, John: *The Clarendon Edition of the Works of John Locke*. Oxford: Clarendon 1975 ff.

Wichtige Werke:

Locke, John: *Versuch über den menschlichen Verstand*. 2 Bde. Übers. v. Carl Winckler. 5., durchges. Aufl. Hamburg: Meiner 2000 [engl. Ausg.: *An Essay concerning Human Understanding*. Hg. v. Peter H. Nidditch. Oxford: Clarendon 1975]. [Zitation unter Angabe von Buch (gr. röm. Ziffern), Kapitel (kl. röm. Ziffern), Abschnitt (arab. Ziffern), z.B. Essay III.x.4].

Gottfried Wilhelm Leibniz (1646–1716)

Werkausgaben:

Leibniz, Gottfried Wilhelm: *Sämtliche Schriften und Briefe*. Hg. v. der Berlin-Brandenburgischen Akademie der Wissenschaften, dem Leibniz Archiv der Niedersächsischen Landesbibliothek Hannover u. der Leibniz-Forschungsstelle der Universität Münster. Berlin: Akademie 1923 ff.

Leibniz, Gottfried Wilhelm: *Die philosophischen Schriften von Gottfried Wilhelm Leibniz*. 7 Bde. Hg. v. Carl Immanuel Gerhardt. Berlin 1875–1880. Nachdr. Hildesheim: Olms 1978.

Leibniz, Gottfried Wilhelm: *Philosophische Werke*. 4 Bde. Übers. v. Ernst Cassirer u. Artur Buchenaus. Hamburg: Meiner 1904–1906 [Neuausgabe 1996].

Wichtige Werke:

Leibniz, Gottfried Wilhelm: *Monadologie*. Französisch/Deutsch. Übers. u. hg. v. Hartmut Hecht. Stuttgart: Reclam [3]1998.

Leibniz, Gottfried Wilhelm: *Versuche in der Theodicée über die Güte Gottes, die Freiheit des Menschen und den Ursprung des Übels*. Übers. u. mit Anm. versehen v. Artur Buchenau. Hamburg: Meiner 1996 (= Philosophische Werke Bd. 4).

David Hume (1711–1776)

Werkausgaben:

Hume, David: *Clarendon Edition of the Works of David Hume*. Oxford: Clarendon 1998 ff.

Wichtige Werke:

Hume, David: *Eine Untersuchung über den menschlichen Verstand.* Übers. v. Raoul Richter. Hg. v. Jens Kulenkampff. Meiner: Hamburg [13]2015 [engl. Ausg.: *An Enquiry concerning Human Understanding.* Ed. with a foreword by Peter H. Nidditch. Oxford: Clarendon 1991].

Hume, David: *Eine Untersuchung über den menschlichen Verstand.* Übers. v. Raoul Richter. Komm. v. Lambert Wiesing. Frankfurt am Main: Suhrkamp 2007.

Hume, David: *Ein Traktat über die menschliche Natur.* 2. Bde. Übers. u. hg. v. Theodor Lipps. Hamburg: Meiner 1978–1989 [engl. Ausg.: *A Treatise of Human Nature.* Hg. v. David Fate Norton u. Mary J. Norton. Oxford: Clarendon 2000].

Immanuel Kant (1724–1804)

Werkausgaben:

Kant, Immanuel: *Gesammelte Schriften.* 29 Bde. Hg. v. der Königlich Preußischen Akademie der Wissenschaften zu Berlin. Berlin: Reimer/de Gruyter 1902 ff. [= Akademie-Ausgabe] (Nachdr. der Bde. 1–23: Berlin: de Gruyter 1963 ff.)

Abt. 1 (Bde. 1–9): *Werke*

Abt. 2 (Bde. 10–13): *Briefe*

Abt. 3 (Bde. 14–23): *Handschriftlicher Nachlaß*

Abt. 4 (Bde. 24–29): *Vorlesungen*

Die Werke Kants sind auch in mehreren anderen Ausgaben zugänglich:

Kant, Immanuel: *Werke.* 11 Bde. Hg. v. Ernst Cassirer zus. m. Hermann Cohen. Berlin: Cassirer 1912–1922 (Nachdr. Hildesheim: Olms 1973).

Kant, Immanuel: *Sämtliche Werke.* 10 Bde. Hg. v. Karl Vorländer. Leipzig: Meiner 1904 ff.

Kant, Immanuel: *Werke.* 6 Bde. Hg. v. Wilhelm Weischedel u. Norbert Hinske. Frankfurt Main: Suhrkamp 1968.

Wichtige Werke:

Kant, Immanuel: *Kritik der reinen Vernunft.* Nach der 1. u. 2. Original-ausgabe hg. v. Jens Timmermann. Mit einer Bibliogr. v. Heiner Klemme. Hamburg: Meiner 2010 [Sigle: KrV].

Kant, Immanuel: *Kritik der praktischen Vernunft.* Mit einer Einl., Sachanm.
u. einer Bibliogr. v. Heiner F. Klemme. Hg. v. Horst D. Brandt u.
Heiner F. Klemme. Hamburg: Meiner 2003 [Sigle: KpV].

Kant, Immanuel: *Kritik der Urteilkraft.* Mit einer Einl. u. einer Bibliogr. hg.
v. Heiner F. Klemme. Mit Sachanm. v. Piero Giordanetti. Hamburg:
Meiner 2009 [Sigle: KU].

Kant, Immanuel: *Grundlegung zur Metaphysik der Sitten.* Komm. v.
Christoph Horn, Nico Scarano u. Corinna Mieth. Frankfurt am
Main: Suhrkamp 2007 [Sigle: GMS].

Hinweis: Mehrere Fachverlage bieten Studienausgaben der *Kritik der
reinen Vernunft* an. Achten Sie darauf, dass neben der Paginierung der
Originalausgabe(n) auch die Varianten der 1. Auflage von 1781 (= A)
und der zweiten von 1787 (= B) angegeben werden. Dort, wo die beiden Originalausgaben erheblich voneinander abweichen, sind bei wissenschaftlich brauchbaren Ausgaben die beiden Textvarianten einan-
der gegenübergestellt.

Die drei Kritiken werden in der Regel nach der Originalpaginierung der
Erstausgaben zitiert. In der Fachliteratur wird z. B. die *Kritik der reinen
Vernunft* wie folgt zitiert: „KrV B59". Aufgeschlüsselt heißt das: KrV [=
Kritik der reinen Vernunft] B [= 2. Auflage von 1787] 59 [= Seitenzahl].
Kant wird – neben den drei Kritiken – nach der sogenannten *Akademie-
Ausgabe* (AA) zitiert: „AA VII 216". Aufgeschlüsselt heißt das: AA
[=*Akademie-Ausgabe*] VII [= Band VII] 216 [= Seitenzahl 216].

6.2.4 Philosophie des 19. Jahrhunderts

Johann Gottlieb Fichte (1762–1814)

Werkausgaben:

Fichte, Johann Gottlieb: *Gesamtausgabe der Bayrischen Akademie der
Wissenschaften.* [Geplant:] 47 Bde. Hg. v. Reinhard Lauth, Erich
Fuchs, Hans Gliwitzky u. Peter K. Schneider. Stuttgart/Bad
Cannstatt: Frommann-Holzboog 1962 ff.

Fichte, Johann Gottlieb: *Fichtes Werke.* 11 Bde. Hg. v. Immanuel Hermann
Fichte. Berlin: de Gruyter 1971 [Nachdruck der Ausgaben Berlin:
Veit & Comp, 1845/46 und Bonn: Adolph Marcus 1834/35] [nach
dieser Ausgabe wird zumeist zitiert].

Wichtige Werke:

Fichte, Johann Gottlieb: *Grundlage der gesamten Wissenschaftslehre als Handschrift für seine Zuhörer (1794)*. Text n. Fritz Medicus. Einl. u. Register v. Wilhelm G. Jacobs. 4., mit einem Nachtrag zur Bibliographie erweiterte Aufl. Hamburg: Meiner 1997 [Sigle: WL] [Fichte hat diesen Text siebenmal (!) überarbeitet – in der Regel bezieht man sich auf die Ausgabe von 1794].

Friedrich Wilhelm Joseph Schelling (1775–1854)

Werkausgaben:

Schelling, Friedrich Wilhelm Joseph: *Historisch-kritische Ausgabe*. [Geplant:] 40 Bde. Hg. im Auftrag der Schelling-Kommission der Bayrischen Akademie der Wissenschaften v. Jörg Jantzen, Thomas Buchheim, Jochem Hennigfeld, Wilhelm G. Jacobs u. Siegbert Peetz. Stuttgart/Bad Cannstatt: Frommann-Holzboog 1976 ff.

Schelling, Friedrich Wilhelm Joseph: *Sämtliche Werke*. 14 Bde. Hg. v. Karl Friedrich August Schelling. Stuttgart/Augsburg: Cotta 1856–1862 [Nachdr. der 1. Abt.: Darmstadt: Wissenschaftliche Buchgesellschaft 1966–1968].

Schelling, Friedrich Wilhelm Joseph: *Werke*. 13 Bde. [Nach der Originalausgabe v. Karl Friedrich August Schelling in neuer Anordnung] Hg. v. Manfred Schröter. München: Beck 1927 [mehrere Nachdrucke; nach dieser Ausgabe wird zumeist zitiert].

Schelling, Friedrich Wilhelm Joseph: *Ausgewählte Schriften*. 6 Bde. Hg. v. Manfred Frank. Frankfurt am Main: Suhrkamp 1985.

Wichtige Werke:

Schelling, Friedrich Wilhelm Joseph: *System des transzendentalen Idealismus*. Mit einer Einl. v. Walter Schulz. Hg. v. Horst D. Brandt u. Peter Müller. Hamburg: Meiner 1992.

Schelling, Friedrich Wilhelm Joseph: *Über das Wesen der menschlichen Freiheit*. Eingel., hg. u. mit Anm. vers. v. Thomas Buchheim. 2., durchg. u. verb. Aufl. Hamburg: Meiner 2011.

Schelling, Friedrich Wilhelm Joseph: *Philosophie der Offenbarung: 1841/42*. Hg. u. eingel. v. Manfred Frank. Frankfurt am Main: Suhrkamp 1977.

Georg Wilhelm Friedrich Hegel (1770–1831)

Werkausgaben:

Hegel, Georg Wilhelm Friedrich: *Gesammelte Werke.* [Geplant:] 35 Bde. In Verbindung mit der Deutschen Forschungsgemeinschaft hg. v. der Rheinisch-Westfälischen Akademie der Wissenschaften u.dem Hegel-Archiv der Universität Bochum. Hamburg: Meiner 1968 ff.

Hegel, Georg Wilhelm Friedrich: *Werke in zwanzig Bänden.* Auf der Grundlage der Werke von 1832–1845. Neu edierte Ausg. Frankfurt am Main: Suhrkamp 1986 [nach dieser Ausgabe wird zumeist zitiert].

Wichtige Werke:

Hegel, Georg Wilhelm Friedrich: *Phänomenologie des Geistes.* Hg. v. Hans-Friedrich Wessels u. Heinrich Clairmont. Mit einer Einl. v. Wolfgang Bonsiepen. Hamburg: Meiner 1987 [Sigle: PG oder PhG].

Hegel, Georg Wilhelm Friedrich: *Wissenschaft der Logik.* 2 Bde. 2., verbesserte Aufl. Hg. v. Hans-Jürgen Gawoll. Mit einer Einl. v. Friedrich Hogemann u. Walter Jaeschke. Hamburg: Meiner 1999–2003 [Sigle: WL].

Søren Kierkegaard (1813–1855)

Werkausgaben:

Kierkegaard, Søren: *Søren Kierkegaards Skrifter.* [Geplant:] 55 Bde. Hg. v. Niels Jørgen Cappelørn u.a. Kopenhagen: Gads 1997 ff. [eine digitale Ausgabe erscheint parallel] [Sigle: SKS].

Kierkegaard, Søren: *Deutsche Søren Kierkegaard Edition.* Hg. v. Niels Jørgen Cappelørn, Hermann Deuser, Heinrich Anz u. Heiko Schulz. Berlin/New York: de Gruyter 2005 ff. [Sigle: DSKE] [parallel laufendes Übersetzungsprojekt zur SKS].

Wichtige Werke:

Kierkegaard, Søren: *Der Begriff Angst.* Übers., mit Einl. u. Komm. hg. v. Hans Rochol. Hamburg: Meiner 1984.

Kierkegaard, Søren: *Die Krankheit zum Tode.* Übers. u. Anm. v. Gisela Perlet. Stuttgart: Reclam 1997.

Karl Marx (1818–1883)

Werkausgaben:

Marx, Karl; Engels, Friedrich: *Gesamtausgabe.* Hg. v. der internationalen Marx-Engels-Stiftung (früher hg. v. Institut für Marxismus-

Leninismus beim ZK der KPDSU u. vom Institut für Marxismus-Leninismus beim ZK der SED). Berlin: Dietz 1975 ff. [Sigle: MEGA].

Marx, Karl; Engels, Friedrich: *Werke*. 43 Bde. u. Registerbde. Hg. v. Institut für Geschichte der Arbeiterbewegung (früher: Institut für Marxismus-Leninismus beim ZK der SED). Berlin: Dietz 1956 ff. [Sigle: MEW].

Wichtige Werke:

Marx, Karl: *Das Kapital*. 3 Bde. Hg. v. Rosa-Luxemburg-Stiftung. Berlin: Dietz [39]2008.

Friedrich Nietzsche (1844–1900)

Werkausgaben:

Nietzsche, Friedrich: *Werke. Kritische Gesamtausgabe*. Begr. v. Giorgio Colli u. Mazzino Montinari. Fortgef. v. Volker Gerhardt, Norbert Miller, Wolfgang Müller-Lauter u. Karl Pestalozzi. Berlin: de Gruyter 1967 ff. [Sigle: KGW] [ca. 40 Bde. in 9 Abteilungen].

Nietzsche, Friedrich: *Sämtliche Werke. Kritische Studienausgabe*. 15 Bde. Hg. v. Giorgio Colli u. Mazzino Montinari. Berlin/München: de Gruyter/dtv [3]2009 [Sigle: KSA] [textidentisch mit der KGW, aber ohne Vorlesungen, Philologica und Jugendschriften].

Wichtige Werke:

FW	*Die fröhliche Wissenschaft* (1882)
GM	*Zur Genealogie der Moral* (1887)
GT	*Die Geburt der Tragödie* (1872)
JGB	*Jenseits von Gut und Böse* (1886)
MA	*Menschliches, Allzumenschliches* (1. Bd. 1878, 2. Bd. 1879)
NL oder NF	Nachlass, Nachgelassene Fragmente
Za	*Also sprach Zarathustra* (1883–1885)

Eine vollständige Auflistung aller Siglen findet sich in Bd. 14 der *Kritischen Studienausgabe* (KSA). Zitiert wird Nietzsche ausschließlich nach der *Kritischen Studienausgabe* (KSA) oder der *Kritischen Gesamtausgabe* (KGW) unter Angabe von Sigle, Abschnitt bzw. Fragment, Ausgabe, Band und Seitenzahl. Zum Beispiel: „GM II 12; KSA 5, 313". Aufgeschlüsselt heißt das: GM (= *Zur Genealogie der Moral*), II (= Zweite Abhandlung), 12 (= 12. Abschnitt), KSA (*Kritische Studienausgabe*), 5 (= Bd. 5), 313 (Seite 313).

Charles Sanders Peirce (1839–1883)

Werkausgaben:

Peirce, Charles Sanders: *Writings of Charles S. Peirce. A Chronological Edition.* Hg. v. Max Fisch. Bloomington, Indiana: Indiana University Press 1982 ff.

Peirce, Charles Sanders: *Collected Papers.* 8 Bde. Hg. v. Charles Hartshorne, Paul Weiss u. Arthur W. Burks. Cambridge, MA: Cambridge University Press 1931–1958 [Sigle: CP + Bandzahl in arab. Ziffer.Abschnitt, z. B. „CP 5.11" = Band fünf, Abschnitt 11].

Wichtige Werke:

Peirce, Charles Sanders: *Semiotische Schriften.* 3 Bde. Hg. u. übers. v. Christian Kloesel u. Helmut Pape. Frankfurt am Main: Suhrkamp 1986.

Peirce, Charles Sanders: *Schriften.* 2 Bde. Mit einer Einf. hg. v. Karl O. Apel. Frankfurt am Main: Suhrkamp 1967–1970.

6.2.5 Philosophie des 20. Jahrhunderts

Edmund Husserl (1859–1938)

Werkausgaben:

Husserliana. Gesammelte Werke. [Geplant: über] 40 Bde. Aufgrund des Nachlasses veröffentlicht vom Husserl-Archiv (Louvain) unter der Leitung v. Hermann Leo van Breda. Den Haag: Nijhoff/Dordrecht: Kluwer/Berlin u. a.: Springer: 1950 ff. [Sigle: Hua + Bandzahl als römische Ziffer, Seitenzahl].

Wichtige Werke:

Husserl, Edmund: *Ideen zu einer reinen Phänomenologie und phänomenologischen Philosophie.* Mit einer Einf. u. einem Sach- u. Namenregister v. Elisabeth Ströker Hamburg: Meiner 2009.

Husserl, Edmund: *Die Krisis der europäischen Wissenschaften und die transzendentale Phänomenologie. Eine Einleitung in die phänomenologische Philosophie.* Hg., eingel. u. mit Register vers. v. Elisabeth Ströker. 3., verbesserte Aufl. Hamburg: Meiner 1996.

Martin Heidegger (1889–1976)

Werkausgaben:

Heidegger, Martin: *Gesamtausgabe.* Hg. v. Friedrich Wilhelm v. Herrmann u. a. [Geplant: über] 90 Bde. Frankfurt/M.: Klostermann 1975 ff. [Sigle: GA + Bandzahl als arabische Ziffer, Seitenzahl].

Wichtige Werke:

Heidegger, Martin: *Sein und Zeit*. Tübingen: Niemeyer [19]2006 [Sigle: SZ oder SuZ].

Ludwig Wittgenstein (1889–1951)

Werkausgaben:

Wittgenstein, Ludwig: *Werkausgabe in 8 Bänden*. Frankfurt am Main: Suhrkamp 1984 ff.

Wittgenstein, Ludwig: *Wiener Ausgabe*. Hg. v. Michael Nedo. Wien: Springer 1993 ff.

Wittgenstein, Ludwig: *Wittgenstein's Nachlass. The Bergen Electronic Edition*. CD-ROM. Hg. Oxford University Press, University of Bergen, The Wittgenstein Trustees. Oxford: Oxford University Press: 1999.

Wichtige Werke:

PU   *Philosophische Untersuchungen* [Teil I wird nach Paragraphen, der sog. Teil II nach Seitenzahlen zitiert]

TLP   *Tractatus logico-philosophicus* [Zitation nach Satznummern]

ÜG   *Über Gewißheit* [Zitation nach Paragraphen]

Eine vollständige Auflistung aller Siglen findet sich in:

Pichler, Alois; Biggs, Michael A. R.; Szeltner, Sarah Anna (2011): *Bibliographie der deutsch- und englischsprachigen Wittgenstein-Ausgaben*. http://www.ilwg.eu/files/Wittgenstein_Bibliographie. pdf (Zugriff 18.2.2018).

Theodor W. Adorno (1903–1969)

Werkausgaben:

Adorno, Theodor W.: *Gesammelte Schriften*. 20 Bde. Hg. v. Rolf Tiedemann. Frankfurt am Main: Suhrkamp 1970–1986 [Sigle: GS + Bandzahl als arabische Ziffer, Seitenzahl].

Wichtige Werke:

Adorno, Theodor W.; Horkheimer, Max: *Dialektik der Aufklärung. Philosophische Fragmente*. Frankfurt am Main: Fischer [19]1988.

Adorno, Theodor W.: *Negative Dialektik*. 6. Aufl. Frankfurt am Main: Suhrkamp 1990.

Literaturverzeichnis

Andermann, Ulrich unter Mitwirkung v. Martin Drees u. Frank Grätz: *Duden – Wie verfasst man wissenschaftliche Arbeiten? Ein Leitfaden für das Studium und die Promotion*. 3., völlig neu erarb. Aufl. Mannheim u. a.: Dudenverlag 2006.

Braun, Friederike: *Leitfaden zur geschlechtergerechten Formulierung. Mehr Frauen in die Sprache*. Kiel: Pirwitz Druck 2000, https://www.vielefacetten.at/technik-ingenieurwissenschaften/themenfelder/geschlechtergerecht-formulieren/sprach-leitfaeden/ (Zugriff 9.2.2018).

Bromme, Rainer; Rambow, Riklef: „Die Verbesserung der mündlichen Präsentation von Referaten: Ein Ausbildungsziel und zugleich ein Beitrag zur Qualität der Lehre", in: *Das Hochschulwesen* 41 (6), 1993, 289–297, https://www.uni-muenster.de/PsyIFP/AEBromme/lehre/leitfaden/referate.html (Zugriff 9.2.2018).

Bünting, Karl-Dieter; Bitterlich, Axel; Pospiech, Ulrike: *Schreiben im Studium. Ein Trainingsprogramm. Mit einem Beitrag v. Gabriele Ruhmann*. Darmstadt: Wissenschaftliche Buchgesellschaft 1999.

Eco, Umberto: *Wie man eine wissenschaftliche Abschlußarbeit schreibt. Doktor-, Diplom- und Magisterarbeit in den Geistes- und Sozialwissenschaften*. Übers. v. Walter Schick. 13., unveränderte Aufl. der dt. Ausg. Wien: facultas.wuv 2010 (= UTB 1512).

Esselborn-Krumbiegel, Helga: *Richtig wissenschaftlich schreiben. Wissenschaftssprache in Regeln und Übungen*. Paderborn: Schöningh 2010 (= UTB 3429).

Esselborn-Krumbiegel, Helga: *Von der Idee zum Text. Eine Anleitung zum wissenschaftlichen Schreiben*. 5., aktual. Aufl. Paderborn: Schöningh 2017 (= UTB 2334).

Franck, Norbert: „Lust statt Last: Wissenschaftliche Texte schreiben." In: Franck, Norbert; Stary, Joachim (Hg.): *Die Technik wissenschaftlichen Arbeitens. Eine praktische Anleitung*. 16., überarb. Aufl. Paderborn u.a.: Schöningh 2011, 117-178 (= UTB 724).

Göth, Ursula; Plieninger, Jürgen: „Wie schreibe ich eine Hausarbeit und andere Seminararbeiten?", Institut für Politikwissenschaft, Universität Tübingen, http://www.wiso.uni-tuebingen.de/faecher/ifp/service/anleitungen/wie-schreibe-ich-eine-hausarbeit.html, aktual. am 15.9.2006 (Zugriff 9.2.2018).

Hübner, Dietmar: *Zehn Gebote für das philosophische Schreiben. Ratschläge für Philosophie-Studierende zum Verfassen wissenschaftlicher Arbeiten.* Göttingen: Vandenhoeck & Ruprecht 2012 (= UTB 3642).

Krämer, Walter: *Wie schreibe ich eine Seminar- oder Examensarbeit?* 3., überarb. u. aktual. Aufl. Frankfurt/New York: Campus 2009.

Niederhauser, Jürg in Zusammenarbeit m. d. Dudenredaktion: *Duden Praxis kompakt – Die schriftliche Arbeit.* 2., aktual. u. überarb. Aufl. Mannheim/Zürich: Dudenverlag 2015.

Poenicke, Klaus: *Duden – Wie verfaßt man wissenschaftliche Arbeiten? Ein Leitfaden vom ersten Studiensemester bis zur Promotion.* 2., neubearb. Aufl. Mannheim u. a.: Dudenverlag 1988.

Rossig, Wolfram E.: *Wissenschaftliche Arbeiten. Leitfaden für Haus- und Seminararbeiten, Bachelor- und Masterthesis, Diplom- und Magisterarbeiten, Dissertationen.* 9., überarb. Aufl. Achim: BerlinDruck 2011.

Schimmel, Roland: *Von der hohen Kunst ein Plagiat zu fertigen. Eine Anleitung in 10 Schritten.* Berlin: LIT Verlag 2011.

Standop, Ewald; Meyer, Matthias L. G.: *Die Form der wissenschaftlichen Arbeit. Grundlagen, Technik und Praxis für Schule, Studium und Beruf.* 18., bearb. u. erw. Aufl. Wiebelsheim: Quelle & Meyer 2008.

Stary, Joachim; Kretschmer, Horst: *Umgang mit wissenschaftlicher Literatur. Eine Arbeitshilfe für das sozial- und geisteswissenschaftliche Studium.* Darmstadt: Wissenschaftliche Buchgesellschaft 1999.

Theisen, Manuel René unter Mitarbeit von Martin Theisen: *Wissenschaftliches Arbeiten. Erfolgreich bei Bachelor- und Masterarbeit.* 17., aktual. u. bearb. Aufl. München: Verlag Franz Vahlen 2017.

Tuhls, G. O.: *Wissenschaftliche Arbeiten schreiben mit Microsoft Office Word 2016, 2013, 2010, 2007.* Heidelberg: mitp 2016.